四川电影电视学院

图文思维训练与即兴评述

翁如 李亭 姚东伯◎著
罗共和 黄元文◎顾问

中国国际广播出版社

图书在版编目（CIP）数据

图文思维训练与即兴评述 / 翁如，李亭，姚东伯著. 北京：中国国际广播出版社，2025.8. -- ISBN 978-7-5078-5889-1

Ⅰ. G222.2

中国国家版本馆CIP数据核字第2025CC9370号

图文思维训练与即兴评述

著　　者	翁　如　李　亭　姚东伯
责任编辑	韩　蕊
校　　对	张　娜
版式设计	陈学兰
封面设计	赵冰波
出版发行	中国国际广播出版社有限公司［010-89508207（传真）］
社　　址	北京市丰台区榴乡路88号石榴中心1号楼2001
	邮编：100079
印　　刷	北京启航东方印刷有限公司
开　　本	710×1000　1/16
字　　数	260千字
印　　张	12.5
版　　次	2025 年 8 月　北京第一版
印　　次	2025 年 8 月　第一次印刷
定　　价	65.00 元

前　言

在科技创新竞争激烈、社会飞速发展的21世纪，知识与智能已成为创造社会财富的核心要素。

本教材由四川电影电视学院创校校长罗共和、董事长黄元文策划指导，内容创作由播音主持学院教授翁如、摄影师李亭合作完成，资料整理由姚东伯完成。本教材融合传统文化与前沿信息，兼具多元视角与地域特色，以生活见闻与摄影作品为引，引导读者自主思考表达。

相较于传统大学本科教材，本教材更贴合艺体类考生需求，既可作为课堂训练素材，也适合自学。本教材通过补充摄影、艺术、历史地理等多领域知识，旨在帮助读者构建个性化知识体系，提升人文修养与语言表现力。我们期待本教材能成为思维训练的有益参考，也恳请读者不吝指正，助力完善本教材内容的科学性与实用性。

即兴评述不同于书面语，看上去很简单，实际上可能要比写好文稿付出更多的心血。即兴评述是偏口语化的，这样的口语表述才不会生硬、死板。为了让读者通过图文思维训练更好地掌握即兴评述，本教材保留了口语化表述、看上去不够严谨的语句和标点符号用法。

希望本教材能有助于读者提升形象思维、逻辑思维、发散性思维的能力，并且养成敏锐的洞见力、感受力，尤其是丰富的想象力及创新力。希望读者内外兼优，成为人工智能时代所需要的应用型创新人才。

目　录 CONTENTS

第一章　表现力——展示最好的自己

理论概要

表现力就是人的自我表现能力。它体现在人的方方面面，包括一个人的思想、品德、才智、能力、品位、姿态、神韵、气质、风度、个性等。

今天的社会发展很快，对人才的要求越来越高，要求人们不仅具有较高的文化水平，有思想、有智慧、有能力，而且行为举止也应得体，有较好的规范，并符合当代审美准则、形象标准和文明标准，因此无论是姿态还是仪容都应该让人欣赏、尊重、接受，这样才能更好地与人沟通交流，体现自身价值。

人的精神世界是非常复杂的，内心生活似乎是看不见、摸不着的，但不论你是什么样的人，是高雅、是低俗，是诚实、是狡诈，都要通过肢体活动和语言表现出来。

在广泛的社会生活中，不同的人从事不同的工作，他们有不同的创作手段、创作原料和创作工具，例如，音乐家通过乐曲来表现自己的内心感受；诗人通过文字来表现自己对生活的认识和理解；画家则通过绘画来表现自己的所见所闻。在人与人的交往中，每个人都是通过身体进行传播的，身体就是传播和表达的原料、工具、产品。因此，人的表现力直接关系到传播效果。

表现力包括两个方面。

一、形体表现力

形体表现力包括姿态、神韵、气质等。形体的姿态、韵律、节奏，对于一个人的形象塑造是非常重要的。我国古代有不少用形体描绘来塑造人物的诗词佳句，如“千呼万唤始出来，犹抱琵琶半遮面”就是用形体表现一个流落天涯的歌女形象；“怒发冲冠”“仰天长啸”塑造了无比悲愤的壮士风貌；“翩若惊鸿，婉若游龙”表达了身形轻盈如飞翔的鸿雁、游动的蛟龙。

形体动作是内心情绪的外化，例如，手忙脚乱表达了慌张的情绪，垂头丧气表达了失望和一蹶不振的情绪，手舞足蹈表达了无比喜悦的情绪，拍案而起表达了愤慨的情绪。人的外在身姿是人内在思想情感的外化，可以说体态是表现内在丰富思想情感的文章。

如果将人的身体分为三部分，那么第一部分就是头部包括五官和颈部。第二部分是躯干。第三部分是四肢。头部是全身的主导，例如我们在与人交流时，首先注意的就是对方的面部，尤其是眼睛，所以我们常说“眼睛是心灵的窗户”。四肢是表情的助手，例如当我们用语言无法表达我们内心的思想感情时，很自然地就会用肢体动作辅助表达，当谈话内容需要转折或结束时，也会用肢体动作来示意。下肢是全身的支撑，姿态、步态都与下肢有关，同样能表达各种情绪。例如我们看到感兴趣的事物，身体会前倾；对于厌恶的事情，身体会后仰。

在实际生活中，不少人存在着形体问题，例如习惯性的端肩、皱眉、眼光浮动犹疑、歪颈、步态不稳或步态沉重、手势单调、形体僵硬没有自控力、姿态不自然、缺乏美感等。有些人在一些重要的场合，形体更加笨拙，甚至眼神木讷、面无表情、双臂无所适从。一个人在开口说话之前，会给对方留下第一印象，包括考生进考场、招聘面试等。第一印象决定着对一个人的接受程度，甚至影响着一个人的成功和失败，所以我们必须进行有效的训练和矫正，使形体更具美感和表现力。

如果说一种线能体现力度，能表达情感，能对人微笑，能令人心醉，无疑就是人体完美曲线。为此，我们必须进行表现力训练，使我们具有体态美，领悟无法用语言表达的微妙情感，达到情寄于形而意无穷的地步。

二、语言表现力

优美的语言如诗似画，而且有强大的震撼力、作用力，能真正作用于对方的意识，改变对方的行动。语言能冲击人的思想，震动人的灵魂。一般人在语言方面存在着不少的问题，如语言不能准确表达思想、传达情感，语言组织没有可听性和吸引力，语言表达平直单调，同时又易受客观干扰，面对陌生环境和人不能进行正常的语言组织和语言表达，甚至都不知自己说了些什么。

语言表现力的最大障碍是心理和生理的紧张，在紧张的情况下，无法处于正常状态，尤其当面对陌生的环境，面对无数双审视着自己的眼睛时，就会紧张而失去控制，甚至头脑一片空白，从而心跳加速、声音失控，甚至发抖——这种极端紧张状态虽然不经常出现，但是若在关键时刻出现，就会导致彻底失控。我们知道往往是由于心理紧张而引起形体和声音紧张，而形体和声音紧张又会影响心理紧张，它们相互影响，形成恶性循环。另外，有些人的形体和声音的紧张是习惯性的，比如气息下沉、声带发紧、语言乏味等。当然，有时造成心理和生理紧张的原因是多种多样的，如缺乏自信、怀疑别人、听到批评后的过于沮丧等，于是产生了各种杂念，使我们注意力无法集中，失去了自我控制能力。

为了缓解紧张，我们必须学会松弛与控制（松弛不是松懈，松懈不是一个人正常积极的状态）。松弛与控制是每个人所具有的生理和心理机能，但松弛与控制也不是信手拈来的，是我们发现自身心理和生理出现不必要的紧张之后，通过有意识的自我控制和暗示，进行调整而实现的，是通过有意识地训练达到的。

另外，每个人都具有人性共有的特质，但因为每个人的生存环境、经历不同，所以有些特质充分展现了，而有些特质被压抑了，例如一个好的演员，可以塑造不同时代的各种人物形象，可以在很短的时间内发掘自己的特质。通过训练，可以发现被埋没的潜质，从而丰富自身的色彩，使自己能有多侧面的展示。

训练要求

（1）为了加强大家对表现力的理解，请广泛发表对表现力的认知和看法，并举例说明，表明不同观点，引起大家对课程的兴趣。

（2）敢于表达，提出与众不同的看法，敢于独树一帜，相互启发，活跃思维。

（3）述说真实的经历，表达真情实感，生动感人。

（4）欣赏摄影作品，通过文字和语言进行表达。

训练目的

（1）解放自己，在大庭广众之下，思维能正常运转。

（2）语言清晰、简练，形体张弛有度，不矫揉造作，端庄大方，让人感到舒服。

图文例稿

时光匆匆，转眼又一年，年年有苦辣，年年有酸甜，苦辣酸甜都得过，新年逐旧年。

新年少不了烟花，它像一条银龙，“嗖”的一声冲上云霄！散开的星光闪闪发亮，像那五彩的鲜花，争奇斗艳。

无论苦乐，还是盈亏，每逢新年，商家都要装点一番，让人感叹“香街十里一城春，笑语喧声入彩门。疑是层峦采蜜使，幻成百万赏花人”！

焰火蕴含着对未来的追求，明亮照耀着黑暗，新年向我们走来，我们虽留不住往昔，但我们可以对明天充满信心！

走进新的一年，每一颗蓬勃的心都有新的希望、新的规划、新的设想，所以无论以前是成是败，今天仍然要勇敢展开翅膀，朝着目标飞翔！

新年的阳光温暖着寒冬里我们冰冷的身体，五光十色灿烂的灯光照亮我们的前程，为了实现理想，我们直冲凌霄，这就是我们龙的传人，大幕拉开的第一个亮相！

新的一年一切都在变，那一个个蓝色的气球，会带着人们的期望和追求，飞上蓝天……

满画面的主体是这棵大树，人在草坪上是这样渺小，但人顽强的生命力又是一般植物所不可及的。

多难的2020年刚刚过去，在这一年，好像全世界的人，千军万马都一起涌来，去翻越那危险的悬崖峭壁，不稳定、不可预测充斥在空气中！

但是因为有爱，有相互的鼓励、支持、帮扶、壮胆，面对汹涌的疫情，渺小的人类以顽强的生命力，努力抗衡，终于冲出了魔鬼笼罩的2020年！

虽然未来仍然存在着很多不确定性，但只要有你，有我，有他，有大家，就没有翻不过的山、跨不过的河！

百老汇高高的门楼下面，雕塑着一排各色人等，让我们想到自由、平等、博爱的应有状态。

自由、平等、博爱是人类一直追求的，无论是什么种族，都应享有自由、平等、博爱的权利。

“自由、平等、博爱”是法国大革命时期提出的口号，也是世界各国人民的心愿，是世界各国人民世世代代追求的真理！

真理是人们智慧的结晶，是人们认识世界的窗口，使我们通过这个窗口，把握事物的规律，所以真理是指导我们生活、引领我们前进的火炬！

真理具有客观性，是不以人的意志为转移的，是放之四海皆准的。真理也具有绝对性和正确性及发展的无限性。

只有符合客观实际的认识，才是真理。因此真理也没有阶级性，更不会因阶级、种族、主张而异！所以罗曼·罗兰说：“我们只崇敬真理，自由的、无限的、不分国界的真理，毫无种族歧视和偏见的真理。”

探究真理的过程，就是我们认识世界的过程。世界之大，我们希望有更多人能探究、发现真理，破解宇宙和人类社会及人类自身的奥秘，让我们及子孙后代享受更好的明天！

好美的自然风光！让人感受到清新的空气，草木散发出的清香，远处的山峦起伏，水波荡漾。

这样美好的大自然，我们应视为最亲密的朋友！

其实，人类很早就开始探索自身和自然界的关系。因为在大自然的生态变化中，能留下来的物种，不见得是最强大的，但一定是适应力最强的、反应最灵敏的，所以物竞天择、适者生存。

最早的人类，以依赖自然为主要的生活方式和主要的生活资料。钻木取火是人类第一次支配自然！

原始人对巫术和图腾的崇拜，是他们对自然的敬重！他们相信日月星辰、风雨雷电、山河土地都有灵性，有超越一切的力量，不可侵犯，所以顶礼膜拜！

但随着社会发展，人与自然的关系时有错位。因无知者有时比有知者更自信，破坏生态平衡，结果遭到大自然的惩罚！

大自然既是养育我们的母亲，也是冷酷无情的报复者！

人与自然相互依存，息息相关才能和谐共生。

法国标志性建筑下，这个年轻人的背影，她正青春，她远望着天空，那里会给人带来豁达与微笑！

青年时期可塑性最强，要有意保留自己豁达的性格，延续终生。

豁达是指一个人心胸开阔、性格开朗，能容人容事，做到大度宽容、乐观豪迈。面对种种苦难，有洒脱的态度，处事不惊，有顶千斤之力！面对功利不计较，严于律己、宽以待人。

只有读万卷书，使自己有内涵，知事明理，眼界开阔，才有腹有诗书气自华的气质。

实践出真知，所以也要行万里路，知道天有多高，地有多广，人有多么渺小，才不浮躁、不膨胀，才能世事洞明！

豁达的人不会为小事纠结，更不会怒火冲天，所以心思不重，没有很多烦恼，能微笑面对他人，微笑面对生活，接受所有得失荣辱，享受生命过程，感受幸福，并能创造美丽的人生！

图片拍自德国巴伐利亚州，它位于德国东南部，这里多森林，多湖泊，山多峰高，多瑙河横贯中部，以农业为主。

戏剧家易卜生、抽象主义绘画代表瓦西里·康定斯基曾在这里居住。

至今仍有一些艺术家来此，默默投身于艺术创作。

这里的冬季异常寒冷，到处白雪皑皑，似乎远离人间烟火，却开出了一朵朵美丽的艺术之花！

这不由得让人想到王安石的一首诗："墙角数枝梅，凌寒独自开。遥知不是雪，为有暗香来。"说的是不畏严寒、冰清玉洁的梅花品德，在艰难的情境中，不为人赏识，仍坚持自己的信念，立在墙角，傲然独放！而且，为人送来阵阵幽香。

巴伐利亚！

巴伐利亚的艺术家们！

绝世之梅！

绝世之美！

人生起起落落，生活跌跌撞撞，是正常的。

处于顺境不要太乐观，处于逆境也不用太悲观。顺境是运气到了，逆境是运气迟到了。

哪怕有一天进入荒凉的心境，也要勇敢地自我欣赏！

欣赏自己是希望的力量，也是一切的源泉，更是精神支柱！

欣赏自己是一种自信，是不被情感左右的理性思维，是一种能力，因为人性中最深切的心理动机就是欣赏，是敢于正视自己美的存在！

欣赏是成败的关键，不会欣赏自己，就找不到走出“荒凉”的钥匙！

用欣赏的眼光看别人比较容易，在低迷状态能欣赏自己，就不容易了！快乐和痛苦，成功和失败都不是永恒的。茂盛极致就是枯萎的开始；丰收之后，就是满地的荒凉！

每个人的灵魂中都有阴晴圆缺，它们相互角斗，谁占了上风，就变成什么样子！我们要有心灵之光，在逆境中能勇敢地欣赏自己，因为一个快乐的失败者，本身就是另一个胜利者！

对人笑一笑，对自己也笑一笑，以乐观的心看自己，曲折是风景，天天都很好！

健忘是一种病态，善忘是一种境界！过去的不遗憾，未来的不焦虑，重在当下，因为当下是最真实的、最有意义的存在！

挺起胸膛，勇敢地欣赏自己！

就如那架破旧古老的钢琴，无论是谁弹奏过，是怎么弹奏的，都是情感的旋律、内心的乐曲！

图片中的女孩，从哪里来，又到哪里去？我们一无所知。

不管是做梦还是清醒，似乎都对眼下自己所做的事感到无趣！

每个人从小到大都有梦，不同阶段有不同的梦，梦虽然虚无，但它存在于个人意识。童年少年多乐趣！多愉悦！

成人也有梦，关键是有没有趣。如果觉得有趣，最好一直做下去，不仅可以使美梦成真，而且可以有益于社会，共同体现自身的价值！

永不清醒是永远活在自己编织的世界里，有自己独特的认知，有自己与众不同的生活态度。

要活得有趣，就需要对生活彻悟，能得到自己的认可、精神的愉悦、心理的满足！

做梦和清醒，糊涂和聪明，理想和现实，看来是完全对立的，其实是一回事。

日有所思夜有所梦，聪明到极致是难得糊涂，理想离不开现实。

总之，要梦得有趣，清醒也有趣。无趣就做不好，去做也做得无奈痛苦，与其无奈痛苦，不如不做。

将生活过得丰富有趣，过得心甘情愿，过得随心随缘，活得有意义，乃人生最大的乐事！

孩子们在地上专注地做游戏，在他们眼里生活充满快乐和神奇！憧憬长大后，会有更美好的生活，会有更多五彩缤纷的梦！

待人真正长大了，往往都缅怀童年的时光，原来长大是童年的自己编织的一个迤逦的梦！

长大才知道，生活不是梦！

现实很残酷，竞争太激烈，有压抑，有困惑，有彷徨，跌跌撞撞好不容易往前行，哪知结果又回到原地。

生活也很简单，只要欲望不多，得过且过，也可以凑合过。

最可怕的是看起来平静，实则有致命的旋涡！

每个人都有自己的生活，也就有不同的烦恼，无论哪个层面的人，事业总是最主要的烦恼和追求。

事业的开拓需要自己主宰，要勇敢面对真实的社会，丢掉童年虚幻的梦，以付出辛劳为代价！

生活的真谛在于对未来的持之以恒，只要心中有火有热情，寒冬也不怕霜冻，用自己的双手造就自己的理想，紧紧拉着时代的纤绳，做一次生命庄严神圣的旅行，托起自己的一片天空！

生活不是梦！

生是偶然，死是必然！人生就是从活着到死亡的过程。

活着就要好好活一回，找到自己存在的价值，因此就要在自己活着的时候，浓墨重彩地画上几笔！于是有时十分辛劳，疲惫不堪，甚至头破血流！

人不是机器，生命过程也要张弛有度、进退自如，因此睡眠是生命所必需的过程。

睡眠是机体复原整合及巩固记忆的重要环节。

睡眠可以补充人体能量，促进新陈代谢，使辛劳而疲惫的身体得到休息和补养，维持人正常的心理活动。总之，睡眠可以消除疲劳、恢复体力、保护大脑、积蓄精力、增强免疫力。

微笑是火种，它可以点燃几乎化为灰烬的心灵，是积极面对生活的重要一步。

喜欢微笑的人，头脑都比较活跃，容易接受外界信息，所以微笑是交流的重要语言。看着一片紫色的薰衣草，我笑得那么开心……相信有了这样的微笑，所有辛劳带来的疲惫都可以消失殆尽，对生活充满热爱！

微笑可以消除人与人之间的陌生感，使彼此更加亲密。

微笑就是潜意识给自己的正能量，善待自己，善待他人，更加乐观向上！

所以，哲学家康德说："三样东西有助于缓解生命的辛劳——希望、睡眠和笑。"

在繁华的地带，高楼林立，人来人往。

看着这些女孩，我们不了解她们的过去，但愿她们曾拥有美好的过去！

对于我们每个人来说，过去无论是温暖的、幸福的，还是悲惨的、痛苦的，都如一颗流星、一片落叶，已经远去，不复存在。心里留下的一些印记，说明我们曾经拥有过去，在过去那里有过我们的足迹！

未来是奇幻、美丽、绚丽多彩的，充满了活力与希望！

当然，我们既要渴望，也要有所准备。

因为未来的路上，也许是荆棘丛生，也许是一片荒漠，在穿越中可能遍体鳞伤，也可能遇到致命的危险，无论是什么样的惨烈，只要未来的场景中有你，你就拥有未来！

一定要相信自己，才有未来！

卢梭说：“每一个正直的人都应该维护自己的尊严。”

“士可杀，不可辱。”中国人自古就把尊严看得比生命重要。

尊严是一个人的人格和实力，它是不可亵渎的理性正义和良知。尊严也是诚信、担当、责任、良心、正直的基础。

一个没有尊严的人，也不会得到别人的信任和尊重！

爱情是千年来文艺作品永恒的主题，但在生活中，想拥有十全十美的爱情是不可能的。也许正因为没有十全十美的爱情，所以在文化的引导和启迪上，在文艺作品中，都在歌颂美好的爱情！

我想如果双方都是真爱，就会生怕没有照顾好对方。如果双方事事都计较，任意发脾气，把对方当作自己的出气筒，只说明他们都在爱自己，没有爱对方的本事和能力。

做到深情而不纠缠，创造有尊严的爱情！

如果每个人都拥有过去、未来、尊严、爱情，一定会比拥有权、钱、名、利更加美好和幸福，社会也会更加和谐稳定与安宁。

老子曾说："知人者智，自知者明。胜人者有力，自胜者强。"

一个人做到"自知""自胜"，才是真的胜者和赢家！

如今浮躁的社会，自大吹牛、口出狂言、鼠目寸光的人很多，认为别人都是平庸之辈，这种人可笑而不自知，经常成为别人茶余饭后的笑料，因为他们看不清真正的自己！

在不同场合，面对不同的人，有不同的身份，有正确的态度，做合适的事，才会有满意的结果。

在非洲有一句谚语："最灵动的人也看不见自己的背脊。"

人们难于全方位地审视自己，往往给自己一个错觉，如盲人摸象，摸一下好像就知道大象是什么样子了，于是我们总是看到别人身上的问题，对自身的问题却隔云障雾。

人对已取得的成绩，不能有昭告天下之狂，让世人皆知之欲，相反，成绩应很快清空。

真正有智慧的人如"空谷清潭"，这样才能采纳更多新东西，包容更多的人和事，做到双脚永远踩在地上，凡事有担当，做事谨慎负责，任何时候都能有正确的自我定位！

看清自己有多难？世界上最难的事之一，就是看清自己！

正如图片上的花朵开放得如此饱满，但它并不招摇，因为它知道，盛开极致就是枯萎，面对枯萎，它也不气馁沮丧，而是积聚能量，吸纳营养，来年更繁华地绽放。

大自然给予我们很多的启示：认清自己是一生的命题，是通过各种事物和对象的撞击反映出来的，是需要静心思考和磨炼才能实现的！

所以尼采说："聪明的人只要能认识自己，便什么也不会失去。"

我们应记住这至理名言，以此为圭臬来要求自己，使事事顺遂成功！

大千世界，芸芸众生，家，总是远方游子历尽千辛万苦念念不忘的地方，他们想家恋家，无论在外漂泊多久，最后也要落叶归根，回到家乡！

古诗词中有很多思乡的作品，至今代代流传。李白的“举头望明月，低头思故乡”；杜甫的“烽火连三月，家书抵万金”；王维的“独在异乡为异客，每逢佳节倍思亲”；王安石的“春风又绿江南岸，明月何时照我还”；等等，都表达了对家的深深思念！

家是最温馨的地方，可以随心所欲，毫不拘束，自由自在。

家有难舍的亲情，有你儿时的快乐、成长的印记，有你熟悉的物品，有你最亲的人，是充满爱的世界、温暖的港湾！家里人彼此信任、体贴，是以情动情、以爱关爱的暖房，成长的摇篮，灵魂栖息之地，精神乐园！是一家人共同体味酸甜苦辣的窝！

如果没有爱、信任、情感、理解、关怀，那家就仅仅是物质堆砌的空间。就像图片上，在岸上，有高矮不等、形状不同的房屋，其中，有的是家，无比温暖幸福，而有的只是一个房子而已！

每家都有自己的家训、家教、家风，所以，家是一种文化、一种情怀、一段时光，有舒服也有烦恼，所以说“家家都有一本难念的经”。尽管如此，人来到世界上，都要努力经营家庭，都想获得家庭幸福！甚至把家庭幸福列为成功的第一要素。

当然，人一生究竟追求什么，是没有标准答案的，成功也有多种定义，但家庭幸福毕竟是一个人事业成功最坚实的底座！

这就不难理解，为什么人们走遍灿烂盛大的世界，心的方向仍然是家，因为家是你的宇宙，在家可以任心徜徉！

当你独自待在房间，感到心门被锁上时，不妨透过窗户，看看外面的世界，那里或许有开启你心门的钥匙！

夜晚可以看到各色霓虹灯闪烁，看到车水马龙、人来人往、行色匆匆……记得小时候就是站在板凳上，透过那没有玻璃的镂花木窗，了解这个世界的！从春天看到柳枝发出嫩芽，到冬天感到寒风凛冽，看到迎亲出丧的队伍，了解了人世炎凉……不知不觉中，自己已经长大，虽没有了童趣，但可以独自出去走走，了解都江堰古人“深淘滩，浅作堰”的治水原则；知道了“牛头对马岭，不出贵人出盐井”的盐都自贡；惊叹历经三代工匠建造的“山是一尊佛，佛即一座山”的乐山大佛；还知道了古代四大古城——丽江、平遥、歙县、阆中。

胆子大了，更要到全国各地跑一跑，比如上海、北京、西安、大连、无锡、柳州、杭州、拉萨、广州、惠州、厦门，等等，不是为装点门面，而是为开阔眼界，增长见识！

窗外的世界就是一面镜子，一定要多出去走走，有了对世界宏观的认识，才能有自己准确的微观定位！

可爱的小滑雪手，希望用速度来丈量冰雪的世界。他不惧寒冷，一次次尝试，一次次站起来，不知用了多长时间，终于成功了！动作多么准确，而她，无比幸福！

人从小到大有着不同的希望，希望是明灯，会绽放光明，如果人人有希望，人人都可以享受幸福，人类也就有了光明的未来！

希望看不见，摸不着，但能使人心中产生巨大的能量，为实现希望会精神百倍，平添许多勇气，去战胜艰难险阻！有了希望，生命激情才会不断喷发；有了希望，青春才会永驻；有了希望，生活才会变得灿烂充满阳光；有了希望，生命才有延续的渴望，未来令人向往！

人的一生是探寻的一生，是不断认识自己的一生，实现了自己一个希望，享受到收获的喜悦之后，要有新的希望，因为终点也是起点，人的一生就是在起点到终点、终点到起点中延续。

主观条件决定希望的远近，眼界的开阔决定希望的大小，付出的多少决定希望的质量。在实现希望的过程中，肯定伴随着苦涩，也许付出了，却颗粒无收……所以必须坚韧不拔，风雨无阻，一路兼程！

在路途中，也许会失败一百次，但你必须一百零一次点燃希望之火！希望是人生的目标，希望是生命的翅膀，希望是奋斗的方向！

只要有希望就会充满活力，享受心中温暖的阳光，拥有收获和不断成长的满足，让一生闪烁快乐和幸福的光芒！

漂泊的人是自己想离开这船只拥挤、环山围绕的小小港湾，漂泊到远方，去看那千变万化的世界，去品那山山水水的万种风情！

漂泊者不似那候鸟，按季节回归。他们不依季节变化而迁徙，他们不停改变生活空间，从这里到那里，四海为家，随遇而安！漂泊者的一生，是漂泊的一生、拼搏的一生、奋斗的一生！

人成长的标志就是能听从自己内心的召唤，感受自己的生命旋律。

漂泊的路有长有短，漂泊的事有喜有忧，有红日升起，也有月黑风高；有顺风顺水，也有恶浪滔天。只有漂泊，才能知道舵手之艰难；只有漂泊，才能感受什么是最好的航线！

漂泊者告诉我们，漂泊中舍什么都不能舍自信，输什么都不能输志向！

能在那蓝色的世界里永远漂泊，应该说是奇迹，是面对大海发自内心深处的狂放不羁的呐喊和呼号！

漂泊能感受穿透一切时空，跨越突破的惬意和美感，使生命燃烧……

漂泊一生，最后虽然满是沧桑，鬓如霜，也会收获满满，那燃烧的火焰，终究会照亮归家的路，挺着胸膛上岸回家乡！

人的种种潜能是无限大的，不能因一时的限制而停滞，拥有越多知识，越能明理，因此在跌宕起伏的生活中，会拥有一颗处事不惊的心。

去了解外面的世界，但是有些地方是脚步无法到达的！脚步不能到达，眼睛是可以到达的，阅读可以使我们的拼搏之路不断延长，不断挑战自我，不断攀登，拓展灵魂的广度和深度！你想知道的和你不知道的，总有一本书能告诉你。“阅读能带你丈量我们这个世界。”坚信眼睛看不到的地方，文字可以带你到达，在阅读中，精神也可以到达！

当你走近书架，就会嗅到一股书香，琳琅满目的书本，带你穿越时空，从远古到今天！有一种清香雅静，使人感受读书的寂静之美！在书中可以任意遨游，因为你所要了解的都是不设防的！

每个人每天的时间是相同的，但所做的事情是不同的。无论多少事情，尤其遇到什么问题，一定走进书的王国，在这个世界上最伟大、最有智慧的殿堂里，找到一个最好的答案！

画面定格了时间和空间，似乎无法定格的也是时间和空间。

人降临世间，离不开时空，正是有了时空，才得以生存，逐渐成长！

儿时总觉得时间过得很慢，花儿开了，花儿谢了，叶子黄了，雪花飘了，新年还没到。时间在缓步时，任你怎样顾盼，它依然故我，不会加速，甚至不会向前多移动半步！

时间历来是每个人最关注的，如何利用有限的时间，活出最大的生命质量，是每个人思考的课题。当感到时间飞逝时，无论你怎样恭维或咒骂，都不能阻挡它的去路。

“一寸光阴一寸金，寸金难买寸光阴。”珍惜时间，就是珍惜生命！充分利用时间是一种能力。

一般来说，能有效利用时间的人，能看到时代变迁的大趋势，争分夺秒学习新知识、新技能，努力开发自己，探索自己。如果整天昏昏然，只看鸡毛蒜皮的小事，往往会陷入时间的旋涡，不能自拔！

当醒悟时，如梦初醒，一切已成为历史。无论如何悔悟，过去的都不会回来，它永远会静立在原地！

有卓有贡献的人。也有一事无成的人。成因很多，而充分利用时间，是很重要的一点。把握好时间，做重要的事，才能有生命质量，在有限的时间里，使生命多姿多彩地绽放！

时间就像那艘游艇，一路前行，不能阻挡，时间告诉了我们什么是痛苦的遗憾和懊悔；时间教导我们，过去的不会重来；时间提醒我们珍惜时间，重在现在。

总之，谁对时间最吝啬，时间对谁最慷慨。要想时间不辜负你，首先你要不辜负时间。放弃时间，就是放弃生命，会被时间毫不留情地放弃！

清纯的孩子、明净的灵魂、整洁的球场，希望人类文明延伸，一切保持本色，不要被污染！

足球是一项风靡世界且有无穷魅力的运动！它有着整体性，因为一场球赛，球队就像一台机器在运转，只有每一个部件都正常运转，才能收到最好的效果。足球又是对抗性非常强的运动，因足球是圆的，难以预测它的结果，所以有它的多变性、偶然性，还有观看环境氛围的热烈自由，场上运动员的亮眼表现，完全打破了国家、民族、宗教、信仰等界限，受到世界人们的喜爱！

希腊是一个圣洁之地，希腊人在巨型黑色的山脊上，修筑了雪白色的房屋，远远望去，如雪山山顶，再往下看，便是湛蓝的爱琴海，希腊就是这样一个湛蓝和洁白的国家！

在古希腊，人们为捍卫国家，不断培养强健的身体，以健康和美作为追求。

圣托里尼是希腊具有代表性的地方，它位于世界两大大陆板块最深的海沟之间。

圣托里尼是由一群火山组成的岛环，因火山爆发而形成弯月形。它的首府是费拉小镇，从旧港到费拉城，道路狭窄，骑驴进城别有意蕴，而且是最便捷的交通方式，路两旁的商店和咖啡店繁华至夜！

卡玛里海滩是独特的火山地质造就的黑色沙滩，虽然是黑色，但海水清凉干净！还有沿山脚至山顶而建的雪白教堂，爬到教堂顶部，可看到远处的葡萄田野和悬崖绝壁的美景！

最令人触动的是1967年发掘的被火山灰淹没的阿科罗提利遗址，其中有高楼建筑，有仕女房，有复杂的水渠系统。最精彩的是墙上壁画，表现了3000多年前这里居民生活的情景，具有高度艺术水平，体现出了希腊艺术“高贵的单纯、静穆的伟大”的风格和特色！

无论是大海波浪起伏拍击海岸，鱼儿在水里嬉戏，鸟儿在空中歌唱，还是黑褐色石头，落日余晖，把世界蓝白两色用尽，它洋溢着浓浓的爱琴海气息，也是世界上最浪漫的地方！

人生短暂，行色匆匆！

人的天职就在于勇于追求和探索，虽然过程苦涩，但值得！

思考对一个人非常重要，通过思考我们做出正确的抉择。

社会发展不是一条直线，它若隐若现，若即若离，曲曲折折。在发展中，起决定性作用的就是我们的思考和选择。

今天社会的变革，深刻改变着我们的工作方式、生活内容、婚姻选择，这些变化越来越快！要想跟上时代，就要学会思考，无论从事哪种职业，都要有面向未来的选择，而且要符合大趋势的发展！

所有科技的创新，也都离不开大胆质疑、判断和思考。

成功看起来是瞬间的光芒，但成功的积累是长时间思考的结果。

小朋友停下了自行车，回望着我，他们笑得这样意味深长，不知他们的小脑袋里想些什么，他们的心思飞向了哪里。

童年是成长的起点，有着万花筒般的奇妙斑斓；童年是艳丽夺目的绘画，展示所有的童趣；童年是清澈见底的小溪，发出最动听的声音；童年像载满甜美、情趣、笑声的白色小帆船，漂泊在快乐的海洋里。

每个人回忆童年的时候，往往发出会心的一笑，包含了再也回不去的怀念和感慨！

冰心说："童年呵！是梦中的真，是真中的梦，是回忆时含泪的微笑。"不仅体现了母爱、自然、童真构筑的思想内核，也有对母爱与童真的歌颂，还有对大自然的崇拜与赞扬，对人生的思考和感悟。

每个孩子都会长大，每个大人回忆童年时心中都会泛起美丽的浪花！

人生就是一场旅行，随着成长，离童年越来越远了，眼前的世界，不是童年想象的模样。发黄的童年照片，就像一串风铃，当回忆的风吹响铃声，童年也长上了翅膀，越飞越高，越飞越远，只留下那隐隐约约的风铃声，似在耳旁，如痴如梦地含着泪回想。

山的本色是巍峨，海的本色是广阔，春天的本色是万物复苏，未来的本色是人们奋斗创造的结果。付出与收获是回归自然的本色！

如今也许有人认为，将最初来到世界的、原本的心和真挚的情，展现在人们面前，是一种呆傻，但他们不懂，无尘的本性呈现，是内心散发的光芒，是当今最灿烂的人性之美！

人来到世界上，心本干净而无尘，但有人总要使它肮脏，用无价之宝来换取有价的东西！

虚伪浮夸不仅是真善美的舍弃，更是纯净的变异！

社会诱惑太多，鱼龙混杂，泥沙俱下，有的人为人端正，品德高尚，而有的人多端献媚，内外相悖。

人生最可悲的是，有意识地为获得某种利益而改变本色，这就是人性堕落的开始！

本色是人心，有血有肉；本色使人信服，刻骨铭心；本色是智慧，楚楚动人！

回归本色，也许被人伤害，伤痕累累，也许要历尽沧桑，但只要回归，就会成就最美的自己！

“我们坚韧不拔，不是为了改变世界，而是不让世界改变那个最初来到世界的自己。”

本色是不张扬、不虚荣，是脚踏实地的朴实，它令人尊重和折服。要让本色在艰难中坚守，在生命中长存。

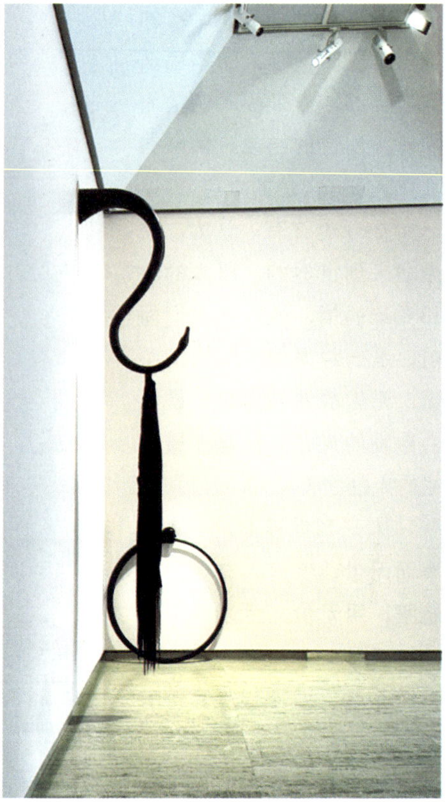

面对曲线、直线，我总会想起“柔而不屈，刚而不强”，这是范蠡对越王勾践说的话。意思是决断大事，要顺应阴阳的变化、天地的常规，做到柔顺而不屈服、坚强而不僵硬。

柔而不屈，是说柔弱而不屈服，虽坚持己见，但不刚愎自用。柔就是方法，解决不同的问题，往往要灵活运用不同的方法。而不屈是原则，是内在和外在形式的关系。

如麦田里成熟的麦子，一阵风吹来便倒下了，但风过便又直立起来。又如小草，没有大树高大挺拔，也没有鲜花美丽，但它有着“野火烧不尽，春风吹又生”的顽强生命力！

历史上有十年卧薪尝胆的越王勾践；受胯下之辱的韩信；受宫刑之后，继续撰写《史记》的司马迁；等等，无数前人，在一次次柔而不屈中，成就了后日的辉煌！

西楚霸王项羽，当四面楚歌时，一意孤行，结果一败涂地。

古今中外的伟人，往往凭借无形的力量赢得胜利，而那无形的力量，就是柔而不屈的精神！

屈不代表丑恶，在无奈中输一事一时，不代表输一世，倒下了重新站起来，才是能屈能伸的大丈夫！

强而不刚是外在看起来，没有多么刚劲，而事实上，比看起来强悍的人更加强大！

咄咄逼人，过于强势地表达自己，实际上是一种幼稚的表现。真正有自信、有积淀的人，不必强压他人，因为对问题已成竹在胸，无需张扬。

凡能做大事的人，都不以势压人。

认识事物，允许有所不同，有人喜欢花蕾，有人欣赏花开怒放，有人只爱残花满地。智者往往从众多认识中总结概括，所以能得到更多人的接纳和认可！

冰心说：“生命中不是永远快乐，也不是永远痛苦。快乐和痛苦是相生相成的……在快乐中我们要感谢生命，在痛苦中我们也要感谢生命！”

皑皑白雪，静谧万分，欣然无比！

能感到世界之美好，才是真正生活在这个世界上！

世界并不完美，有很多自然灾害，有时甚至非常残酷！

但我们能决定的是看世界的态度，看世界的态度不同，世界给予我们的温度就不同！

生活有时对人万般刁难，在这种情况下，真正能治愈自己的只有自己，不管生活会不会好起来，都要保持真诚、勇敢、善良。仔细想一想，世上总有一首诗让你感动，总有人使你难忘，激情能使人不可阻挡，内心不屈服的品质可以感天动地，能改变眼前很多事物，所以依然要坚信，明天太阳会照旧升起，天空仍会湛蓝，花儿会开放，小鸟会歌唱！苦尽甘来的那一天，日月星辰都会为你绽放华彩！

但凡经历了苦难，就会对世界有进一步的认知，这就是最大的收获，因为通过苦难，我们懂得了生活的意义！

人能在认识生活之后，依然热爱生活，就是成长，今后会过得更洒脱而超然。

世界知道，我们每个人都不完美，但世界对每个人都一样！

我们知道，世界有很多不如人意，但我们仍然要充满乐趣地生活在世界上！

很多时候，我们的生活不是缺少乐趣，而是我们缺少了一颗感受乐趣的心！

我们热爱这个世界，才是真正生活在这个世界上！

第二章　表现力必须以美为前提

理论概要

表现力就是表现自我的能力，有些人表现自我的能力很强，而有些人表现自我的能力很弱，尤其在一些场合，表现自我的能力几乎丧失殆尽，手足无措、词不达意，甚至失去常态。更有些人表现欲虽然很强烈，但人们难以接受，甚至于对他产生排斥、厌恶和反感！为什么呢？因为他们所表现出来的并不符合大众审美标准。表现力必须以美为前提，因为人们一向追求美、欣赏美、崇尚美。

表现力必须以美为前提，那么什么是美呢？

关于什么是美，可以说自古以来争论不休，关于美的本质已经争论了千百年，至今没有人能给美下一个令所有人信服的定义。

有人说崭新的、富有创造性的就是美的，但新闻就是最新的事件和见闻，虽然能让我们了解很多刚刚发生的事情，但很多新闻事件并不美；有人说次序是美，次序固然能给人一种单纯明净的感觉，但次序本身是单调的，单调也不美；有人说曲线是美，蛇就是曲线，不仅不美，还令人觉得很可怕；有人说均衡对称是美，这确实在视觉上给人稳定安静的感觉，但均衡很死板，缺乏动感；有人说典型是美，而有的典型本身就是丑的；有人说圆满是美，维纳斯就不圆满，却没有人说她不美。

美确实是存在的，美也具有以上所有要素。应该说美存在于人们都认为具有美的价值的客体中，是客观美的事物在人们头脑中的反映，凡能引起人的美感的对象就是美。

一、美来自劳动

当人类靠双脚站立，解放双手以后，也就解放了自己的身体，人们耕作、取火、狩猎、打鱼，不仅可以更好地生存，同时也注意了身体的匀称，动作的精确、快捷和优美，在有节奏的劳动中显现男性的力量和女性的柔美，并注意面部表情的灵活和表达内心情感的能力。通过劳动、征战、祈祷的不同动作、姿态及节奏，人们看到了人体自身的美，并注重精神内容的表达，因此用不同节奏的歌曲表达劳动之美和精神上的享受，还创造了艺术！

美来自劳动，美存在于劳动之中。工人专注地劳动，为社会创造价值，很美；农民开着拖拉机在广阔的田野里劳作，很美；解放军在雪域高原尽职尽责地坚守岗位，保卫国家和人民的安宁，很美；教师在讲台上为学子们传播知识，很美；交警在酷暑烈日下指挥车辆，保证道路畅通，很美……

二、美来自社会

人类在发展过程中不仅履行着自己的劳动职能，也践行着自己的社会职能。例如，在古代人们举行各种仪式时，都是以一种有节奏的形体、统一的步伐和声音来表达共同的心理和诉求，达到一定的目的。这样就使各种活动有了精神内容，人们相互之间不单是作为有机体的个人参加活动，还以社会成员的身份参加活动，并借助生产成果和活动中的地位，发挥一定的社会职能，并以此进行评价，说明人们已学会从社会性的审美角度评价自己、展示自己！如，原始部族中强壮的猎人，因为他们勇敢、健壮、有力量，能获得更多生活必需品，为大家取得更多财富，人们就爱戴他们、尊敬他们！同时，他们为了表达这种美，也以捕获猎物的牙齿和利爪做耳环、项链等装饰自己、证明自己。另外，部族和氏族首领也常常用野兽的毛皮、野兽的角做头饰表明自己的身份和地位，给予身份和荣誉以特殊的强调。

我们之所以崇拜一些人，很重要的原因就是他们所具有的社会性。政治家、企业家、文学家、音乐家、诗人，或是具有高贵品质的英雄模范，都体现了他们的社会性，所以人们称他们为“最美”！

三、美来自大自然

古代，人们在大自然中采集和猎取，在不知不觉中对所采集和猎取的动植物进行了鉴别和比较，比如哪些是强壮的，哪些是羸弱的。它们生长在什么地方，是高山，还是平川，或者是草原，还是水边。人们对日出日落、风雨雷电、斗转星移也有了最原始的认识和想象，于是对自然逐渐有了选择和审美。美也就来自大自然，来自对大自然的审视和评价。

当人们从情感上把自然界同人的生活加以联系，并进行对比和评价，自然现象的自然特性也就有了意识形态上的意义。

当自然与人类社会实践（生产生活）有了具体的联系，纯自然物就成了拟人化的自然物。这样，自然物就不仅有自然属性，同时也具有了社会属性。另外，人生活在大自然中，必然要受到大自然的感染和熏陶，从大自然中感受到一种情趣和活力，无疑就将自然拟人化、性格化，于是，使人的思想情感得到充实，例如，用高山比喻人的厚重；用大海比喻人的宽阔；用花朵比喻美女。这样就将大自然的美化为精神美、心灵美，有了精神美和心灵美就有了更高的追求——创造生活美。从自然美到心灵美，再到生活美，于是就使大自然中的一切有了积极的社会意义。

大自然中的高山、大海、森林、湖泊、红花、绿草都很美！在今天，人们愿意接触大自然，不仅仅是使自己紧张的生活得到舒缓或是满足好奇心，更是对大自然的欣赏，使自己的性情和品格得到陶冶，心灵得到净化，其实就是向大自然学习。

训练要求

（1）感受生活中美好的事物，包括人、社会、大自然。

（2）感受图片的光、影、色彩、构图，从中发现美、捕捉美，并结合亲身经历进行表达。

（3）表达的逻辑一定清楚明确，不要“流水账”，要从过程中抽出与主要问题最贴切的内容，否则易杂乱无章，混乱不可收拾。

训练目的

（1）加强语言形象感，使语言表达不枯燥无味，具备可听性。

（2）习惯发现生活中、社会上和自然界的美好事物，培养在司空见惯中发现不平常事物的能力。

图文例稿

一袭中国红，喜气洋洋！这是中华儿女心中的渴望和期盼！也表达了时代的精神！

在生命的旅途中，总有几个临界点，既不能后退，也不能前行。不管它是需要我们歇息一下，还是让我们从头再来，我们都要欣然接受。

有哲人说："人的一生只为做一件事情而来。"而面对快速发展的社会，我们又不能不做更多的准备。今后，我们可能是改革者，也可能是被革命者！所以当到达临界点时，我们可以利用这个时机做一个大清理，包括名誉、地位、财富、人际、健康、知识等，也包括烦恼、郁闷、挫折、沮丧、压力等，有的该丢掉，有的应储存。

心灵清扫的意义就好比一个仓库清理库存，不要让没有价值或负面的东西占领空间。

在生命的诸多路口，每一次转折都要进行扫除，每一次扫除都是一次挣扎和奋斗，只为丢掉那些拖累你的东西，解开阻碍进步的症结，丢掉旧的自己，塑造新的自己，这就是朝着目标前进。

生命就是一次旅行，背包该装什么，该减什么，每一次停泊的清理，都为了更好继续前行。

一路前行，永远在路上。

岁月悠悠，漫漫人生路！

在人生旅途中，我们会遇到形形色色的人。

有的人擦肩而过，有的人无关紧要，有的人常伴左右，无论缘分深浅，你所遇见的人，都是世界的唯一，所以要珍惜每一次的相遇！

情是我们内心的砝码，总能调节我们的心情！

有人如阳光灿烂，他会为你送来温暖；有人像孩童纯真，他会呼唤出你的稚气；有人刚烈，会使你变得坚强；有人温润如玉，会使你明白什么是君子之风；有人智者无言，会提醒你不要张扬；当然也有不轨之徒，他们也会给你做反面教材。

总之，所遇到的所有人，都会给我们以引导和启迪，使我们思考自己应该成为什么样的人，要把自己塑造成什么样的人。

正是由于这样与不同人的相遇，使我们不停地判断和决定，在不知不觉中改变着自己！甚至每一次相遇，都是一次修正。

每一次相遇，也许是结束，也许是开始。

最后的邂逅，就是全新的涅槃！

夕阳西下，但山峦仍然碧绿，日落时分仍有霞光隐现。草地尽管已有秋色，仍是牛儿的乐园！

人生如酒，细细品味，才能品出生命的味道。

命运如转盘，有时得头彩，有时空转无收；有时使你好运当头，有时使你痛不欲生。无论是什么境遇，你都要坦然接受，冷静面对！

命运给予你好运连连，是让你能有一种沉静坦然；使你痛不欲生，是让你在痛苦中蜕变！

就如那舞台不仅有华美的五光十色，也有暗淡落幕，但落幕仅是戏的一场，而不是全剧。所以不要滞于春的逝去，而放弃了夏、秋、冬的景色。

一次挫折，不能荒废整个人生。

如果相信自己是山，就应该展示自己的巍峨；如果相信自己是海，就认定自己的磅礴；如果相信自己是夜莺，就要努力奋斗，相信总有一天会唱出动人的歌！

不同经历，不同体验，不同收获。不同季节，不同景色，不同心情。在时光流逝中，感谢酸甜苦辣咸所有经历，因为有了这些，才能懂得生活。

正如汪国真所言：“人生并非只有一处缤纷烂漫，那凋零的是花，不是春天。”

“烽火连三月，家书抵万金。”家书，是一个家庭和国家发展的见证。杜甫写下的《春望》道出的不仅是对家的思念，也是对安史之乱的揭示。从《朱子家训》到《曾国藩家书》，从对整个家族的训诫到对弟弟的劝导，家书承载了家庭最美好的记忆，是温暖的“柴门闻犬吠，风雪夜归人”。

莫尔说：“为了找寻想要的东西，我们走遍全世界，回到家，找到了。”家庭是生命的起点，也是生命的终点。“羁鸟恋旧林，池鱼思故渊。”一封薄薄的家书承载了千钧的思念，流传见证了多少故事。

家书不仅是见证了一个家，更是见证了一个国。国是千万家，当李商隐《咏史》中“成由勤俭破由奢”被千万家传颂时，一个国家的精神风貌也得到了高度概括。

百年之后，当世人看着泛黄的家书，会想起什么？见字如面的一封信纸，承担的是爱的重量。快拿起笔吧！写一封信，见字如面，展信安。

这正是农历五月初五端午节的早晨。

那年宋朝大文豪苏轼59岁，被贬广东惠州的第二年，此时他想起自己的侍妾朝云。

端午民间有妇女在河中沐浴的习俗，沐浴地称为“浴兰场”。朝云也来到了“浴兰场”。汗水湿透了淡绿色的绸衣，这朦胧之美正与她雅静的性格相符。

“浴兰场”人多之又多，气氛好不热烈！妇女们洗浴后，香粉胭脂随水漂浮，余香缭绕。

朝云浴后，玉色手臂轻轻缠上五花彩线，小小的符篆斜挂发髻，可避邪驱鬼，又有种淳朴纯真之美。

大文豪苏轼用他的诗给我们留下端午“浴兰场”的美好遐想，使我们知道了那时代独有的风俗习惯！

孩子永远是我们的最爱，我们心中都藏着自己童年最美的画面，一生怀念！

童年是一条五彩的河，快乐地流淌；童年是七色霞光，映着满眼的幸福；童年是彩色的笔，画着暗香流溢的花朵，回首童年，就如那缤纷的梦！

人的一生是由各种色彩交织而成的，不同成长阶段有不同的美，少年时有善良的白和纯净的蓝，青年时有热情的红和希望的绿，壮年时有高雅的紫和富有的黄，它们散发的光彩组成了我们的生命！

人成熟与否和年龄长幼没有关系，有的人至死都不能明理，浅薄幼稚得可笑，这不能不算一种遗憾。

现实中有些父母对孩子溺爱有加，过度保护，制约了孩子成长，使孩子无法独立生活，遇事不会自己判断，面对问题一味逃避，更不敢给自己较高定位，不去奋斗，不敢做任何挑战，丢不掉对父母的依赖，更不会处理人际关系，缺乏安全感。在孩子成长过程中，一定要让他们自己去见世面、经风雨、受挫折、承受压力，使他们在不同的生命历程中渐渐成熟！

什么是成熟？成熟是拥有迷人的气质，而又不失纯净；是知世故，而不世故；是具有高尚的品格，有历尽千帆的坚毅勇敢；是保持悲天悯人的善良和爱心，宠辱不惊，淡然面对成败。

在人生的大舞台上，我们要定格最美的童年，也要用自己的彩笔，努力绘制最华丽的少年、青年、壮年和老年，创造完整的一生！

纪念活动总饱含着人们的喜悦、值得纪念的内容、文化的传承、历史的铭记、宗教的仪式。

巴伐利亚有很多隆重的纪念活动，例如，孩子长到14岁，就要举行成人仪式，男女老少穿戴一新，孩子们在亲朋好友的陪同下，集合在一起，由当地有影响的人物致辞，讲成人之后对社会的担当、义务，享有的权利，要遵守的社会公德和如何报效国家等。之后，家长亲友赠送礼物，举行舞会，一直欢庆到深夜！这一切饱含着成长的纪念、喜悦！

关于巴伐利亚啤酒节的来源有两种说法。

第一种说法，1810年10月为庆祝路德维希王子和萨克森国的希尔斯公主婚礼狂欢而开始的。之后每逢10月，就举行一次狂欢，最后成了啤酒节。

第二种说法，当地农民为庆祝丰收，形成了每年的啤酒节。

啤酒节开幕，先放12响礼炮，市长和啤酒厂厂长盛装乘马车而来，开启第一瓶啤酒，之后人们喝着大杯啤酒，聚餐、狂欢、歌舞。

世界各国的各种仪式、节日，都包含着有史以来人们生活中值得铭记、珍藏、纪念、传承的故事，构成自己独有的文化特色，形成世界文化的百花齐放，使不同文化闪烁着绚丽光彩，树立了人们对自己民族文化的自信，增加了对生活的渴望和热爱！

文化永远是一个民族强大的根本！

狂风、静海都是自然现象。

风，来无影，去无踪，神秘而自由；海，一望无际而辽阔宽广。

风最狂，是轰轰烈烈的追求；海最静，是宁静致远的思考。风与海，正是人生最好的比喻。

无论刮什么风，对于弱者而言，都是惊恐和凄凉的，总渴望有人来送温暖。殊不知，温暖是来自内心的勇气、力量、斗志，只有激励自己、燃烧自己，才有持续的热量！坚毅就是从磨难挫折中练就的！

海看似是平静的，但在刹那间，会掀起惊涛骇浪！只有内心平静，才能找到出路，把惊涛骇浪化为内心的期许！

风依旧吹，浪照旧狂，人就是在这狂风劲浪中，将生命演绎到极致！

非淡泊无以明志，非宁静无以致远，一定要坚持平淡。

平静淡泊是一种姿态、一种境界，不被世俗所累，不牵绊红尘琐事，可直冲九万里云霄。

淡泊明志，宁静致远，才能抵住最狂的风、最静的海，默默攀登到心中最高的山巅！

收割代表着收获，春种、夏长、秋收、冬藏，这让我想起一首歌："一天一天像365个起点，一点一点连成线，那就是一年。"

如果亨利·米勒还活着，他是会觉得世界什么也没有变，还是变得更加混乱了？

没有悲哀，没有遗憾，没有将来，当下对我就足够，一天是一天，今天也是昨天，昨天也是明天，但眼下还是今天！

也许就像亨利·米勒说的："一个人应随时成为艺术家，最终根本不当艺术家，而只成为一件艺术品。"

一瞬间的停留，有时会使人热泪盈眶，那瞬间会填满内心，使时间定格，成为永恒的记忆！

窗外的美丽，酝酿时间很长，无怨无悔，只为一时绽放。

流光易逝，人易老，窗外一切不计长短，只为留下痕迹，把美丽献上！

冬去春来，朝晖夕阳，潮起潮落，落叶飘浮，雪花飞扬，烟花绽放，流星划过，都是瞬间，也都是永恒！

瞬间感动，不计其数，世间万物，人情事理，每天都有瞬间感动，这是邂逅的礼物。珍藏瞬间，心中美丽无穷！

因为美的不同，美的不凡，那些瞬间的美，能超越时代变迁、文明更替，缔造代代无尽的思念！

以真展现于世，以善讴歌于世，以美馈赠于世，即使是瞬间，也会是永恒记忆里的珍藏！

天空自古以来就承载着人们许多的想象和希望。在古诗词中，天空如此神奇令人向往！

河边织女星，河畔牵牛郎。

灯火万家城四畔，星河一道水中央。

残星几点雁横塞，长笛一声人倚楼。

人们对宇宙也有太多浪漫的想象，但从某种角度看，真相与我们的想象又是那么相近。

了解宇宙会赋予我们一层新的意义——我们每个人都是星星，在宇宙中，生生不息，闪耀出美丽的光彩，尤其是在黑夜降临时，会有永恒的美丽！

不论我们能否揭示宇宙，宇宙都在展现着它原本的样子和规律，而我们仅有的对宇宙的一点点了解，也影响着我们的生活！

例如，在很早以前，人们认为太阳光是白色的，但经过牛顿的色散实验，得出结论，其实太阳光是由多种颜色组成的。

又例如，哥白尼在1543年发表了“日心说”，打破了天主教会的“地心说”，使我们知道了地球不是宇宙的中心。这些成果，都推进了科技的进步和发展！

科幻小说作家阿瑟·克拉克的很多作品，如今都变成了现实。

所以只有想不到，没有做不到！

尽管我们大多数人无法飞上太空，但星空引诱着我们去思考、去欣赏、去探索！

爱因斯坦说：“我们所能有的最美好的经验是神秘的经验。”而宇宙恰恰给我们提供了最好的去探索和研究神秘的体验！

岁月匆匆，岁月悠悠！岁月难熬，不同人对岁月有不同的感受。

你需要时间吗？那好，等风来，不如追风去！

因为有了生命，生命要延续，时间就有了意义！

时间是每个生命最珍贵的东西！珍惜时间就是珍惜生命！

曾有过不少青史留名、为人类做出各种贡献的伟人，他们都视时间如命，总是争分夺秒，抓紧时间一砖一瓦努力建造自己的楼宇，创造辉煌！

文学家巴尔扎克，每天奋笔疾书十几个小时，不肯浪费分分秒秒，用一砖一瓦建造自己的文学大厦！

音乐家莫扎特，每天追赶时间，短短一生创作了600多部作品，如果要把莫扎特的作品抄一遍，要花三十几年！他的作品数量，至今无人超越！

我国伟大的文学家鲁迅有句名言："时间就是生命。"他还说："无端地空耗别人的时间，其实无异于谋财害命。"他用手中的笔，书写了如匕首般的杂文，刺向魑魅魍魉！

运用好时间就是生命无限地延续！时间不是抽象的，时间的指针不停转动，记载了每个人的成败、得失、悲喜、错对、荣辱。

每个人有不同的追求，每个人的成就不可复制。不能让自己的时间成为别人的延续。必须超越过去，让时间闪耀出具有个性的光辉！

不变的是永远在变，而相对稳定的是灵魂和精神财富，它们是精心搭建一砖一瓦、创造精美楼宇的前提，是能使时间无限的基础！

时间会因人创造独特的价值而成为永恒，永不褪色！

山中案几上，几行文字，一盏台灯，明净而素雅！

人活在世上，重要的是心态。面对茶香，也要有“心体澄澈，意气平和”的心情。

这种心情不是来自物欲的满足，相反是对物质的无求，是对无形无价灵魂纯洁、精神富有的追求！

享受寂静之美，慢慢品一杯茶，是自我沉淀，也是享受，这种状态是今天人们最需要的！

林清玄先生在散文《茶语》中说：“我最喜欢的喝茶，是在寒风冷肃的冬季，夜深到众音沉默之际，独自在清静中品茗，一饮而净，两手握着已空的杯子，还感觉茶在杯中的热度，热，迅速地传到心底。犹如人生苍凉历尽之后，中夜观心，看见，并且感觉，少年时沸腾的热血，仍在心口。”

人生如茶，茶如人生。

茶不是用来炫耀、表现经济实力、满足虚荣的，在心浮气躁中，装腔作势，或做“牛饮”，而失去了品茶的意义。

要知道如果被物欲所扰，再好的茶也洗不掉内心的烦躁、困惑和贫乏！

品茶是一种享受，也是一种思考，在遐想中回归自我，追忆过去，寻找纯真，追寻人本。

与朋友共饮叙谈，心情格外舒畅，沟通交流更加流畅，达到心与心的碰撞，关系尤为亲密！

茶，先苦后甜，不燥而润，通过品茶能品到人世沉浮！

茶从种植到成为成品，充分体现了天、地、人的共济、和而不同的分工。

带着放空自我的心情品茶，能使人心情舒畅平静！那种仪式感，增加了生活的完整性和肃静感！

茶是文化的载体，是生活的态度和坚持，茶不仅有益于身体健康，更带来精神享受！茶就像生活中不可或缺的老朋友，它陪伴我们述说过去，思考今生，遐想未来！茶不在于多么昂贵，而重在品茶人的心情，品茶过程中的内涵和意境！

山坡、草地、树木、花朵，这是山中的原本，最真实的原本！

诚信就是“原本”。诚信是立国之本，是富国之根！

诚信就是一个国家立足世界的信任度，要有一言九鼎的大国君子之风！这样才能与各国共济共融，促进彼此发展！

作为个人，诚信是一种品格，是对自己、对别人的尊重和责任，是做人的基础。

诚信一向是中华民族倡导的高尚人品，也是每个人为人处世要遵守的道德。

“言必信，行必果”是所有商界应遵守的诺言。个人无诚信，会失去朋友，丧失尊严和生机！企业无诚信，会失去商机，没有市场！国无诚信，会孤立于世，日渐衰败，毁于一旦！

生命不能在谎言中开出鲜花！鲜花的盛开要依靠优良的空气、肥沃的土壤。欺骗是对空气的污染，对土壤的破坏！所以，一个国家，一个民族，一个企业，一个人，要想很好地发展，必须先从诚信这一根本做起，才能真正国富民强，开出芬芳四溢、诱人灵魂的美丽花朵！

阿维尼翁的戏剧节，海报墙成了一道风景线，五彩缤纷。一位鹤发童颜的老人，沉醉于自己的关注和欣赏！

一个人被欣赏，是客观上对自己拥有的美的认可和赞扬，从而产生一种自信和向上的动力，会有无尽的追求！

“士为知己者死，女为悦己者容。”这就是被欣赏者的状态和结果。

我们不仅接受别人对自己的欣赏，也要学会欣赏别人！要有善于发现美的眼睛，称赞对方，看到对方的潜力和优势！

千里马没有遇到伯乐，可能会成为废马，而遇到伯乐之后，伯乐将马买下，献给楚王，那马似通灵，面见楚王一声嘶鸣冲云霄，楚王即令马史精心喂养。

不出半月，马精壮神骏，楚王策马扬鞭，只觉两耳生风，转眼之间已跑百里，后来千里马陪伴楚王驰骋沙场，立下不少战功，伯乐识马也成佳话。

别人欣赏自己，自己欣赏别人，都是美的肯定、美的欣赏、美的满足！我们一定要学会区分：有的是人格清高、冰清玉洁、心灵趣味相投；有的是君子之风、侠义之气；有的是秀外慧中；有的是一时利益需要。

欣赏不要理想化，要有度。中国人讲究中庸，中庸不是折中，是找到平衡点！对于赞扬和欣赏，要以“将军额上能跑马，宰相肚里能撑船”为前提，做到心中有数、成竹在胸，这样才能变欣赏为动力，更加自信地发挥所长。

图片上的颜色几乎都是日落前的金黄色与建筑物的石青色，仿佛这是经人调过色的，使整个画面的色彩更显统一柔和。

人来到世上，就像一场旅行，在乎的不仅是目的地，还有一路看风景的心情！

人是有调色板的，有明色有暗色，有冷色有暖色，也有五彩缤纷的颜色，关键是自己是否有能力调色。

艺术也贯穿于生命，每个人的人生，就是他的艺术作品的创作史。君子之所以能平和快乐，就是因为能自主调色。因为世界上没有始终和绝对让人开心的乐园，只有自己找乐，才能拥有更多的快乐！

人一落地就哭，而笑是之后才学会的。哭是一种本能，而笑和寻找快乐是升华出的一种能力！

人从诞生开始，就要走向死亡，只要活着就要以最好的方式活下去，那就是为快乐而活！

你笑，全世界都在笑；你哭，只你一个人哭！

如果错了，那就重来，别人不原谅你，那就自己原谅自己。心态不同，调色板运用不同，就有了不同的命运！

如何看待世界上的一切？取决于看风景的角度，角度不同，调色不同，心情也大大不同！必须学会快速调色，并用灵动而清澈的眼睛寻找快乐、寻找光明！

人不是白雪，随便由别人拿捏，每个人都是世界的唯一，偶然来到世上，生命只有一次，怎能不做自己，而做别人。不知这样的人想过没有，这一辈子是自己在生活，还是替别人过日子？

想上苍也不会有意安排，让谁来到人间帮谁承受苦难，替谁享受荣华。活着的人都有自己独特的色彩，不可复制。在浮华和喧嚣中自尊、自爱、自立、自强地活着，有自己选择的路，看自己一路的风景！

不被生活压弯了腰，不被时光熏黄了脸，无论在哪个年龄段，都要学会爱自己！

要大气豁达，放下所有牵挂，不被烦琐小事羁绊，全身心投入自己喜欢做的事。

守住善良，对别人的给予，要有“滴水之恩，涌泉相报”之仁义！“虚心竹有低头叶，傲骨梅无仰面花。”让每一个清晨都以微笑开始，让每一个夜晚以快乐入眠！

岁月匆匆，人海茫茫！风华是一指流沙，苍老也是年华。按自己内心召唤生活，不管别人短长。

能经得起尘世冷暖，能看淡生命枯荣；能走好平湖秋月，能翻越高山峻岭。

人生根本就没有统一标准的分数线，所以不一定做别人眼中最重要的自己，而要做自己喜欢的自己！

付出不急于要回报，让生命中多些自由和蓬勃的活力！我们改变不了环境，但可以改变自己；改变不了现实，但可以改变态度；改变不了过去，但可以调整当下。不能预知明天，可以抓紧现在；不能样样顺心，可以事事尽心尽力；不能控制生命长短，可以决定生命的质量！

欲为雄鹰，不与走兽同流；欲为强者，不与弱者争。放下物欲攀比，注重精神富有，灵魂纯净，宁静致远！

目光所及，就是境界和格局，随着时间推移，跟上时代，一路欢歌，一路情，一生无怨又无悔。

回眸过去，有自己的行踪；看看现在，有自己的付出，登高望远，有自己的背影。一路走来，一切都由自己决定，独一无二，快乐无比！

正月十五元宵佳节，已有春意，但又乍暖还寒，“融和天气，次第岂无风雨”，因此最难将息！

海港城那一对红红的大兔子，宛如闹花灯的热闹景象，但避难江南、寓居异乡的李清照，内心却无比凄凉，故写了这首诗。

眼前的热闹与她内心的悲凄正形成一种强烈的反差和对比！

对比是艺术作品中常使用的一种手法，重在对事物间差异性的揭示，突出表现事物的本质特性，增加了作品的艺术效果和感染力，突出了悲与喜、好与坏、善与恶、美与丑的对立，给人极鲜明的感受！

杜甫的“朱门酒肉臭，路有冻死骨”，李绅的“四海无闲田，农夫犹饿死”，白居易的“远芳侵古道，晴翠接荒城”等。通过以上例子可以说明，把具有明显差异和对立的双方安排在一起进行对照比较，使人在比较中，更能感受其中差异，使之在一个完整艺术统一体中形成相辅相成的对照和呼应关系，更加彰显各自不同的特征，起到感人至深的作用！

所以李清照恰如其分地运用了对比手法，既表现了元宵佳节的日暖风和天气，又说明了她内心的忧虑，更能使人感受到她内心的孤独与凄凉。

人来人往的街道，护城河的水，异域的风光，墙上的青砖，似穿越时光，好像能把这所有的美丽永记心上！

时间是个无敌杀手，再美丽的东西，都经不住时间的绞杀，终将被时间掩盖，致而遗忘；时间也是最好的良医，再悲伤的事情，经过时间的抚慰，也能使伤口愈合，让疼痛过去！

每个人的内心里都有一个王国，在自己的王国里，可以肆意东奔西跑，专横跋扈。可是王国的储存空间是有限的，不可能装下所有经历的事物，随着时空的变化，总有一些新的人、新的事要进来，旧的人和事被掩埋，然后在不经意间，会发现原本费尽心机想要忘记的事情，果然被时间制服，真的就忘记了！

记忆就像沙漏，新的流沙放进来，下面旧的沙粒就要漏出去。

我们自己觉得有些事情可以停在某个原处，其实谁也挡不住时间的洪流，记忆早已被时间洪流冲击而松动，一点一点，一块一块，剥落丢失，直至完全遗忘！

有太多新事物出现，我们要不停接纳新事物，因此在不知不觉中，就会被新观念、新事物改变，被现实同化！

人们随着社会的发展而成长，让被缠绕的旧伤痛离去，这样会使内心变得简单清爽，更好地向新目标冲刺！不蹉跎，不落伍，不骄不躁，总在前行！

度过了一段段时光，留下的都是陈旧的故事，随风吹散的是过去，期盼的都是新希望。所以随着岁月流逝，所有成功都会褪色，所有伤口都会抹平！

苦乐一念间，岁月流转，冷暖交替。生活不是自己想怎样，就怎样！活着就要懂得随缘，缘来不拒，无缘则散！让时间筛去无用的过去，留下今天的需要。重在当下，遥看未来！

岁月轮回，荣辱、兴衰、成败交替，都是自然！就像这绽放的花朵，不管有没有人欣赏，都肆意开放！

有些事原本与己无关，何必自找麻烦，去解释，被纠缠，一定要证明什么！要做的事不仅是因为喜欢，而是在做的时候更接近目标，就更富有吸引力，本质是永不放弃自己！

处于顺境时要格外提醒自己，谦虚谨慎、脚踏实地，不在意别人的评论，只做独一无二的自己。吃苦和忍耐是历练，包容豁达是修养，敢舍是大得。现在所做的一切，都是为了今后有更多主动选择的权利！

真正的朋友会接受你的过去，支持你的现在，帮助你创造未来！

人性是多侧面的，有些人嫉妒心很强，偏爱别人的不幸。所以你再努力，再优秀，在他们眼里不过是运气好！

其实这个世界上无奈委屈的人，何止只有你一个，没有羡慕、嫉妒、恨的清洁环境几乎是没有的。所以不必在意他人的看法和议论，不要陷入他人的陷阱。时间是最好的证明，能理解你的人不必解释，不理解你的人永远不会懂你，也没有必要解释，不要渴求所有人理解和认同。

生活不是为了合别人的意，而是走自己的路，追自己的梦！

心若不动，风又奈何；你若不伤，岁月无恙。过去交给时间证明，今天优于昨天的自己，努力做明天更优秀的自己。一路走来都是为自己活着，做最想成为的、独一无二的、优秀的自己。

这里被称为北斗村，在蓝天下，新山乡巨变正在拉开帷幕，中国西南的农村正在变化！这样的画面，不能不促使人思考，人们到底应该怎样度过一生？

我们生活的空间实在是太小了，而宇宙浩渺而博大！人类对宇宙、社会、自身的了解也太少！

古代的一些想象，如千里眼、顺风耳等，今天通过网络都变成了现实，但对宇宙的了解，的确微乎其微。例如其他星球到底有没有生命存在？如果有生命存在，它们的科技水平达到什么程度？麦田怪圈是什么原因造成的吗？给人类传达的是什么信号？总之，一些“天方夜谭”的问题，我们都无法回答，一无所知，只感到天地苍茫。

回过头来，想想自己，好像这才看到最真实的自己，渺小到无地自容。

只能如林清玄先生所说，“在我们不可把捉的尘世命运中，我们不要管无情的背弃，我们不要管痛苦的创痕，只有维持一瓣香，在长夜孤灯下，可以从陋室的胸中散发出来，也就够了”。

“我也愿学习蝴蝶，一再的蜕变，一再的祝愿，既不思虑，也不彷徨；既不回顾，也不忧伤。”

只是“今天比昨天慈悲，今天比昨天智慧，今天比昨天快乐。这就是成功”。

斗拱瓦房，似散发出袅袅炊烟，这就是家的感觉。

每个人都有属于自己的生活，生活是需要自己过的，别人不能替代。

“人间有味是清欢。”

“味”，是生活之味，人情之味，遥远的家乡之味。最有滋味的东西，往往在最平凡的生活中。一次美味的品尝，一段陪伴亲人的时光，某天三朋两友的闲逛，皆能成为最美的回忆！

人间有味，味在人间！让安静内化于心，能从容自在地生活，就能把平淡的日子过得有滋有味、宁静而诗意，这也是懂生活、爱生活、享受人生的一种活法！

无论你做什么，在哪里，回望来路，遥望家乡，它总会留给你很多回忆。没有包袱，没有杂念，亲人、房舍、院落、花草树木，无不勾勒出温暖有趣，你会感到，生活不是满地鸡毛，也不是“阳春白雪”，是心底烟火的暖、火的热，虽然还在行走，心中却升腾出那日出的朝晖、日落的霞光。有了一定阅历，洞察了人生，便不再追求轰轰烈烈，不再捆绑难为自己。

人世间的好味道是清淡的，能活出淡雅，大气简约，释然而不伤感，简单而不烦琐，是一种沉淀，一种见解和境界！

市井百态，寻常生活，最能抚慰人心。柴米油盐酱醋茶，就是烟火之味，就是生活的本真！小小一个厨房，春天有煎得嫩黄的香椿饼，有绿油油的蒜蓉菠菜；夏天有水汪汪的西瓜、粉红的桃子、红红的樱桃，浇上一瓶酸奶，冰一下，就是水果沙拉；秋天焖上一锅麦仁粥，煮几根嫩玉米，晾几个柿饼；冬天一锅羊肉汤，加点菜，香菜、葱花……

四季轮回，小小厨房，赤橙黄绿青蓝紫不停在变，永不变的是溢出来的暖情和无尽的爱！将生活嚼得有滋有味，把日子过得独特生香，是需要有浸透人间烟火和认真生活的心，才能找到被深藏起来的生活甜品！

美有很多种，唯有烟火气，能温暖整个世界！

高高的塑像直入云天，他是一位有气节的英雄，他的形象应该留存于世，让人们永远敬仰！

“在命运的颠沛中，最能够看出人们的气节。”这是莎士比亚的一句名言。

谁都有气节，如何展示其价值，在刀光剑影中如何坚守气节，是最重要的做人准则。

一个人是否靠得住？只有在命运的颠沛中，才能知道谁能与你同频共振，散发气节的光辉！谁是小人？褪去平时隐藏的本质，暴露真相。

颠沛流离是最好的显像仪，会检验出每个人的真实一面。气节是一种人生准则，一种道德操守。守节者诚信于己，无欺于世，将气节操守看得比生命重要，更不会被虚名浮利诱惑而动摇。他们绝不是那种欺世盗名，见利忘义，只知保全自己，出卖灵魂的伪君子！

平时也许不易分出气节高下，然而在危难中，人的气节就有明显的高下之分了！我国自古就有许多歌颂气节的诗句。

名节重泰山，利欲轻鸿毛。

树坚不怕风吹动，节操棱棱还自持。

莫笑老夫轻一死，汗青留取姓名香。

更有女词人李清照的“生当作人杰，死亦为鬼雄。至今思项羽，不肯过江东”。

也就是说，活着要做人中豪杰，死了也要做鬼中英雄。项羽不肯忍辱偷生、自刎而死的壮举，是其高尚气节的表现！

更有清代郑板桥的“咬定青山不放松，立根原在破岩中。千磨万击还坚劲，任尔东西南北风”。

在平日能安贫乐道，在物质诱惑面前不动心志，在颠沛中坚定信念，以至以身殉真理。

气节是建立在高度理性基础上的，那就是拥有正确的世界观、人生观、价值观。因此，对世界、对人生、对价值有了一种正确坚定而透彻的认识，不让自己的行为违背这种认识，而且能坚持到最后！

有句古话“只要功夫深，铁杵磨成针”。也就是说，凡有了愿望，坚持努力，最终总能实现愿望，达到目的。

我们虽然不知道这个农家小女孩长大后想做什么，但我们希望她能有一个具体的目标，在心里产生坚定的信念，并为此每天做一件事，养成一种坚持的习惯。我们相信，这样做下去，当她长大后，一定会梦想成真，会变成想成为的那种人！

有一位老师让学生们在纸上写下自己十年后想成为什么样的人，然后把一张张写好的纸条放在一个瓶子里，并约定十年后开启。

十年后，老师开启了这个瓶子，并给这些长大了的孩子们打电话，结果这些孩子绝大部分都成了当初想要成为的那种人！

有的还写了信说：“如果我想成为那样的人，很想！很想！自然会付出所有努力，全力以赴地去奔向梦想。”

当然，不是说你想成为谁，就一定能成为谁。梦想真正的意义，在于你对它的信念！

一位著名科学家对一帮孩子说：“你们智力水平相当高啊！”这种暗示，对于成长中的孩子很重要！实际是给了孩子们对自我能力的认可与肯定，使他们有胆量去冒险，相信自己，尊重承诺。

当相信自己时，就会朝着梦想坚定地走去，听从内心召唤，在不知不觉中，就已改变了原有的自己，最终得偿所愿。

有璀璨的光明，便会有沉郁的黑暗。

面对不公平，我们心理上会有一种失衡，就会用不公平来衡量与我们相关的所有事物，于是就将自己囿于不公平中，把抱怨当成发泄手段，放弃了对自己的要求，失去了对美好事物的关注和认知，也丢掉了使自己发展的良机！

我们不能做太阳，就做月亮；不能做月亮，就做星星。

不能做牡丹，就做小小白色千里香！

不能在春天开放，就做深秋红叶；不能做遮天蔽日的大树，就做藤蔓缠缠绕绕，绵绵长长。世界没有绝对的公平，只要凭自己的力量，找到适合自己伸展的领地，克服虚荣，吃苦耐劳，坚持去做，照旧可以大显身手，展示才华！

正因为有了不公平，才有了竞争和提升。

正因为大自然的不公平，才有了山峰巍峨、江河奔腾、大海汹涌，孕育了生命的不凡和生生不息！

雨果说："我只将所有的不幸注入心底，心底便开出最公平的花。"

没有人会理会你的委屈和抱怨，既已成现实，就要接受当下，从头做起，满怀壮志，吃苦耐劳，坚持到底，改变自己！

正是每个人的努力奋斗，才使世界充满活力，使世界五光十色，创造了世界的无比美丽！

第三章　外在美与内在美

理论概要

有人把美分为外在美与内在美。实际上，外在美与内在美是无法分离的，在我们的生活中，根本不存在外在美与内在美完全割裂、毫无关系的情况。

美就是事物内在美好本质的外部形象表征。例如，我们初见一个人，在没有深交的情况下，也许会感觉他形象仪表都很好，但深交之后，才知此人原本品德恶劣，你立即会觉得他面目可憎。有的人也许你第一次看见他，觉得他相貌平平，外表甚至有些丑，但当你了解到他的高尚品质时，你会不再在意他的相貌。例如，深山投递员王顺友，并不英俊，当你了解到他为了让乡亲们得到外地亲人的信息，几十年只身一人风雨无阻出没于深山老林的事迹后，你会感到他身上忠诚与朴实的美！因此美不单是外表的形象，更是通过行为、表情、动作、姿态、声音、语言、风度等得以展现。外在美是内在美的反映和表现。

同样，内在美也不可能是完全封闭的，它一定会在外在有所展示。我们应该知道内在美是以人的高尚道德观念为基础的，是一个人对自然、社会、同类情感深度和广度的体现。例如善良、爱心、勇敢、仁慈、责任、节俭、勤奋等美德，都要表现在为人处世上。一个人内在越美，他对于自然、社会、同类的情感越深越强，甚至突破一般人的水平，形成一种特殊的美。例如，女舞蹈家邰丽华自强不息，身残志不残，一段《千手观音》舞蹈，感动了整个世界!

当然，一个人外表的修饰肯定有助于美的情感表达，会更容易引起别人的共鸣。人们总是按照自己的意愿来设计打扮自己，这直接显示人的素质、格调和个性，一切外在美都投射出心灵的追求。一个人的自我表现力，不仅仅是形体、语言及装扮，更重要的是他的品德、行为、思想、情操的内在基础所决定的外部神韵。因为一个人的道德品行，表现在全部行为中，包括生活方式、举止、习惯、风度、姿态、表情、声调，以及衣服样式和处理事务的态度上。所以，我们不仅要注重外在的表现，更要注重思想品格的提升，通过外在表现表达内在的思想情感。

训练要求

（1）仔细观察图片，多角度思考，选择自己最喜欢的、具有新意的内容，进行组织和表达。

（2）要求开头语言有可听性，能吸引人，使人有欲望继续听下去。

（3）中间段落要饱满，也可作为中心段落来设置，但层次一定要清楚，使每一段都起到应有的作用。

（4）亮出自己的观点，观点明确，思考清晰，内容才有深度。

（5）请讲述一下你在生活当中所感受到的内在美与外在美。

训练目的

（1）达到全篇富有逻辑性、清晰、合理，避免杂乱无章。

（2）更好地运用思维组织能力、逻辑推理能力，以论据支撑论据。

（3）做到以理服人，使听者心服口服。

（4）巩固正确观念，否定错误观念。

图文例稿

威武的雕像，雄伟的罗马式建筑，是设计师生命的延续和生命的印记，至今仍能引起我们审美的共鸣！

艺术作品首先要有作者的生命意识，有对生命的体验，同时也要有对生命意义的思考，才能与大众产生共鸣。

创作者只有有了自己的生命体验、生命意识的思考，才能通过不同艺术形式来表达自己的体验和思考。

“意”就是心所计虑，“识”就是计虑后的新见解，当有了新见解之后，就会产生强烈的表现和传播冲动。动力存储越多，作品情感冲击力越强，越感人至深！

生活永远是创作的源泉，作者能从生活中真正体会人生百态，感受生命存在的苦乐，才能创作出好的作品！

例如，新古典主义画家达维特的作品《荷拉斯兄弟之誓》，就表达了为了土地、人民、权利决斗的场面，表现了法国大革命前人民英雄主义的激情。

野兽派画家马蒂斯渴望平和宁静的生活，他说：“我希望有一种均衡的、纯粹的艺术，既不烦扰人，也不使人不安，我希望一个疲惫、伤心、困惑的人，在我的画前，享受到宁静和休息。”因此他的作品《舞蹈》表现了地中海的蓝天、翠绿的大地、地中海人的棕色皮肤，画中五个手牵手的人各有姿态，协调而自由地尽兴舞蹈。

而表现主义画家蒙克的作品《呐喊》，人物形象变异得使人毛骨悚然，使人想到骷髅，像一个恐怖又孤独的鬼魂，发出的尖叫震破肝胆！以视觉符号传达了听觉感受，那尖叫产生的极度焦虑令人惊恐不已！作家将对这种痛苦生活的感受展示到了极致！

凡有切身感受，有作者生命意识投入，并找到符合当下审美新形式的作品，才能打动大众，给人以启迪，使大众产生内心深处的震撼！作品才有无穷的生命延续力！

生命的意义蕴藏在生命的每一个表达之中，体现在形式和表现的无限延伸上，存在于一切创造之中！

天地茫茫，一阵风吹来，大朵的云飘来了，藏族聚居区山谷中的河流将泛起涟漪，一只小船就要被风推来了。

这画面描绘的正是挪威诗人奥拉夫·豪格的作品："你是风，我是一只无风的小船。你是风，那就是我想去的方向，谁又关心有着那样的风的方向呢？"

奥拉夫·豪格是20世纪挪威著名诗人、翻译家。他生于乌尔维克，以种植苹果为生。挪威美丽的景色陶冶了他的诗性，朴素的生活使他的诗能以小见大，几滴水、一粒盐都能与人类和世界紧密联系。而且，他深受中国古代诗的影响，使他的诗富有东方意蕴。

无论身处何方，无论生活得怎么样，我们都要常怀感恩之心！感谢所有在我们的生命中走过的人，无论是爱与情、伤与痛，凡经历了，都会使我们更加成熟，都在帮助我们前行！

朋友也许不是最好的，但也是生命中最精彩的，因为在茫茫大海中，真情相待，共同成长！

虽然我们都有不足，只要我们有感恩情怀，至少可以使自己活得更加慈悲和美丽！

风轻轻带走岁月，送我们到要去的地方。雨潇潇吟着过去的诗，云淡淡飘着大海的味道。茫茫大海，我紧靠船舷，风掌控着方向，推动着小船，向前，再向前！

一月又一月，一年又一年……

烟雨蒙蒙，绿柳依依，冬去春来，花落花开。回望来路，因为有了风，一路才有了金色的光芒。

哈尔滨大剧院正在上演由鲁迅著作《狂人日记》改编的同名戏剧，这篇杂文的中心就是“吃人”！

细想一下，时间也很可怕，像清风，像流水，像晨雾，转眼间，可以轻易地将人的青丝变为白发。

珍惜时间，就是与时间抗衡，就是珍惜生命！

时间由分秒组成，善于利用时间，就能发挥生命的最大效应。最好的时间利用，就是活在当下，最易失去的时间也是当下。我们感觉时间短促，是由于人和事的纷繁，应把有限的时间用在重要和有益的事情上，加倍完成任务，就是延长了生命。

每个人都想获得成功，但成功不能复制。只有认清自己，安排好自己的时间，才能走出自己的路！

因为自己最清楚，自己在什么时间该做什么事，有自己对时间的安排和运筹。

也正如徐悲鸿所说：“别人看我是荒谬，我看自己是绝伦。”

不被外物所扰，不东施效颦，做自己时间的主人，根据自己的情况，安排自己的时间！

少年易学老难成，一寸光阴不可轻。未觉池塘春草梦，阶前梧叶已秋声。

这只小鸟永恒地看向外面的世界，万物有情，静物亦然。

人离不开一个“情”字，人有太多的遇见，有的只是擦肩而过，有的是刻骨铭心，有的是无关紧要，有的是不能忘怀，有的是值得期待，有的是尽快忘记，有时的偶遇，却成为日后回忆的一股暖流。一个美丽的期盼，在不经意间成了风景，虽是错位的遗憾，但毕竟也是一个缘！一个美丽而遗憾的故事。

回忆并不迷恋，也许只淡淡一笑，又随时间很快忘掉！

岁月像一部纪录片，画面偶然闪过，又清晰起来，虽心怀思念，也为那忠诚的期盼和等待而感动！觉得那不是寻常的风景，竟被感动得怦然心动！

感叹光阴的消逝，欢愉短暂，回想着沿着来路留下的深浅脚印。一路寻去，有鸟语花香，也有凛冽风霜，春秋转换，多少时日掺杂着琐碎美丽的点滴，悄悄浸润在无声无息的心里！

回味有雪的季节，心中总在踏寻那温暖一隅，那错误的四目相对，最是错误的美丽！翻阅岁月的厚书，回忆将碎片拾起，在那最不起眼的时刻，风景是如此美丽！生命中遇到的每一个人都是过客，但没有同样的第二个！情不知何时所起，但岁月已将这美丽的误会深藏心底！

我们国家自古就倡导德业并重，以德为先，有德才有业。所以德为才之帅，没有德行，等于是无源之水、无根之木，水很快就会枯竭，木不知漂流到何处！

没有德行，没有原则，做人没有底线，智慧用于不当之处，不择手段，专门损人利己，这样泛滥下去，非常危险！

无德仅有智慧，虽然能暂时获利，殊不知如此下去灾害就会紧紧相随，后果不堪设想！看一看监狱的一些罪犯，有些智商很高，下场却十分悲惨，真可谓穷途末路，毁了自己一生！

美德是对自己一切私欲的超越！有德之人，不会去做不道义的事，他们会自觉地制约自己，无愧于天，无损于人，心里永远坦荡清明！他们将规则和道义放在首位，从不冲破底线，更不会为一己之利而不择手段，助人为乐，成人之美，消融矛盾，团结大众，给自己也带来无穷快乐！

行事以德为先令人折服，善良如水，滋润众人，集众人的智慧，自然仁者无敌！

美德能滋养后世万代，成为家风，惠及子孙，是一个家的宝贵财富；美德成为社会中每个人所具有的品格，社会和谐安宁；美德普照世界，人类生活会更美好幸福！

美德是人生成功的最重要的前提！

我是在哪里？脚下的一切不太在意，但远处的人和建筑，却很清晰。

就像当下的一切都是一闪而过，而得不到的过去，还常想起，于是就努力搜索已看不见的经历，有时拾起记忆的碎片，那碎片竟还有刺痛的感觉，在看不见的地方，是否还有当初的记忆？

我像路人看着断断续续过去的生活，只记得那辛酸和喜悦的一刻，只记得那火的热和花的香，却又模糊了那花的色意。

浮士德的难题，其实是人类共同的难题。每个人在追寻人生价值时，都躲不开过去与现在的剥离！凡是年纪大了的人，自然对这个题目有自身的体会！

当下还是得继续向更高处冲击吧，踏入花径无须思前想后。经常会有晓月对窗翻卷，思绪万千，是我在翻书，还是书在阅我？

过去的好像就在眼前，现在的却逐渐远去。

生当复来归，死当长相思。

弃我去者，昨日之日不可留；乱我心者，今日之日多烦忧。长风万里送秋雁，对此可以酣高楼。

抽刀断水水更流，举杯消愁愁更愁，人生在世不称意，明朝散发弄扁舟。

一片朦胧中的亮光，有棱有角。一个虔诚的侧影，抬头仰望，这让人联想很多，感慨万千。回望来路，有太多的“应该”，太多的“不准”，太多人的“各种表情”，太多的“赞许”和“贬低”。

在梦里，展开翅膀，越过高峰，俯视大海，看到层层叠叠起伏的大地，迎着风，享受飞翔的惬意，不是“唱尽梦魇，唱尽繁华，唱尽记忆的来路”，而是不愿醒来，只愿飞得更高，随心所欲！

美梦醒来，双眼望着天花板，恍然大悟，大半生是替别人活着，唯独找不到原来的自己，感到内心的苍白空虚，原来如一棵含羞草，战战兢兢地将自己套入一种又一种的模式里，模糊了当初的面容，走了半生再也无法回头的路！

“我的灵魂与我之间的距离如此遥远，而我的存在却如此真实。”加缪说得真好！

是结束也是开始，什么时候开始都不晚。生活原本很简单，自己就是台上的主角，怎么演，由自己做主！就算没人鼓掌，没人欣赏，只要心甘情愿，就可以一直演下去！

挥挥手，与过去潇洒告别；迈开双脚奔赴新的未来，就在这鱼龙混杂、泥沙俱下之时，怀着一颗沸腾澎湃之心，兴奋地展开双翅，飞向蓝天！

哈尔滨大剧院的建筑造型就是一个圆形，它就像人生的一个圆，起点也是终点，终点也是新的起点。这里演绎着人生大舞台、舞台小天地的故事！

人要有梦想，有梦想就有目标，奔赴目标的过程，就是我们的成长。

成长的路途中，有成败，有得失，有荣辱。梦想越宏大，磨砺越多，越是要面临多次失败。当感觉没有退路时，激发出人的潜能，使不可能成为可能！

好比进入原始森林，迷失了方向，只要有梦想，就有理由坚强，最终总能穿越险境，走出迷茫！

一个没有经历过失败的人，只是一张白纸，一无所有，因为失败是进步的阶梯！

世界不在意谁的自尊，尊严来自自爱，只有严于律己，成为自己尊重自己的人，才能得到周围人的尊重和帮助！

实现梦想是要经过千锤百炼的，不是每次努力都有收获，但每次收获都必须努力！要尽最大努力，做最坏的准备。

拿得起，放得下，记住该记住的，忘记该忘记的，改变能改变的，接受不能改变的。

世上没有十全十美，心灰意冷只能受制于环境，只有积极进取才能顺应环境！为了实现梦想，集中智慧和热情，把当下做得尽善尽美，就是为今后做最好的铺垫。

成就来自为目标所付出的思考、智慧和热情。

坚强是成功者的通行证，懦弱是失败者的墓志铭。实现梦想，不要想着要靠谁，自己就是最靠得住的人！追求梦想就会坚强，一直在追求的路上，就不是流浪！

哈尔滨的冬季，异常寒冷，大树的叶子虽然已经枯萎飘落，但树枝依然向上延伸，在抗衡中继续生长！

正是“寒来暑往几时休。光阴逐水流。浮云身世两悠悠。何劳身外求。天上月，水边楼。须将一醉酬。陶然无喜也无忧。人生且自由”。

人在追求自己目标的路上，就像大树一样，要吸纳阳光，也要经受风雨！阳光是营养，风雨是历练。宝剑锋从磨砺出，梅花香自苦寒来。无论得失荣辱，都是收获！

想得到自己想要的生活，就要经历坎坷，跨越一道道难关，只要不放弃，就会离自己的目标越来越近！世上没有白费的付出，看似无心插柳的收获，其实都是水到渠成的过程。而且尝过了苦之后才有甜，对来之不易会更珍惜！

路要一个人走，孤独是自己的选择，它并不可怕，那正是审视自己、与自己对话的最好时机！

人一辈子曲曲折折、跌跌撞撞是正常现象，只要不放弃，每天在平淡生活中重复做平凡的事，结果就会出现不平凡！

古柏葱茏欲蔽天，虬枝盘绕任狂癫；饱经战乱及盛世，藐视洪荒与酷寒。

一帆风顺、娇生惯养的人，不仅弱不禁风，经不住打击和挫折，而且等于没有完整的人生！

人来到这个世界就要生存，必然要经过奋斗、抗争、较量、挑战，在无数次摔倒、失败、妥协、挣扎中慢慢成长，因此人的成长充满磨难。如意是刹那，失意是常态。因此，诗人说："走得最快的都是最美的时光！"

不完美是生活的本质。正因为不完美，才有了人的奋斗、努力适应及创造。同时也因为经历了磨难，才明白了很多道理。

品尝生活的酸甜苦辣是每个人成长都必须经历的。经常听到有人说"风雨之后见彩虹"，但在生活中经过风雨之后，也不见得能见彩虹，付出了也不见得有收获。但是如果不经历磨砺，不努力付出，就永远也见不到彩虹，永远也不会有收获。所以要有坚持和抗衡的挑战精神，在平淡中努力做好要做的事，自然会出现好运连连，拥有美丽人生！

时光荏苒，似大江东流！生命中有太多无常，所以珍惜及合理规划时间，就是珍惜生命，要用有限的时间，活出无限的精彩。

图片上绚丽的红色墙壁，台阶上鲜艳的花卉，都是颇具魅力的创造，艳丽而芳菲！

英国文学家狄更斯在《双城记》开篇中有这样一段话："那是最美好的时代，那是最糟糕的时代；那是智慧的年头，那是愚蠢的年头；那是信仰的时期，那是怀疑的时期。"

回顾历史，无论哪个时代，都是在真善美与假恶丑的搏击厮杀中得到发展的，总是在熬过失望之冬、迎来希望之春的过程中走过来的！

今天我们仍生活在一个矛盾的世界，这是一个科技发展日新月异的时代，也是一个快得使人焦虑的时代，它已不允许我们有任何思维定式，而且改变得越来越快！

科技虽然给人类带来便捷和惊喜，但也有很多问题！

有人不愿同流合污，但又无力改变现状，要想做自己想做的人，就必须在自己身上"克服这个时代"，不受任何污染，不欺骗自己，把自己变成有智慧、有能力的人，让生命充满厚度，做主宰自己命运的精神贵族！

杂草丛生，一片杂乱，似乎从没有人整理过，但一些不起眼的小花，在乱草中抬起了头，表示自己的存在！

在我看来，卑微的小花的最大勇气，就是能守护这满地的破碎，年年开放！

白日不到处，青春恰自来。苔花如米小，也学牡丹开。

苔作为一种卑微的植物，长在阴暗潮湿处，被世人忽视，置之不理。虽自身渺小，但也要像牡丹一样开放！

英国作家王尔德曾说："我们都生活在阴沟里，但仍有人在仰望星空。"

即便卑微的花朵，也有尊严和渴望！重要的是不要让人看到眼泪，而是用行动给那些蔑视自己的人一记响亮的耳光！

这里是成都，让我仿佛看到了荷兰的阿姆斯特丹，荷兰在16世纪推翻了西班牙统治并进行了改革，经济迅速发展，当时成为欧洲最富足的国家。荷兰人提倡简朴勤勉的生活，艺术也得到很好的发展，荷兰小画派就诞生在这个时期，并对世界产生了影响。因为简朴勤勉，所以既自律又勤劳，结果丰衣足食！

当人闲下来，就要胡思乱想，自怨自艾！

要想看一个人是否优秀，就要看他闲下来时做什么。有人读书，也有人终日无所事事，虚度光阴！闲不是福气，相反是废掉一个人最快的方式！

贪图享乐和安逸，只会让生命生锈。其实人到中年，会有很多选择机会，但为了安逸，最后失去机会，贻误了自己！所以觉得人生是一场灾难。茨威格说："所有命运馈赠的礼物，都已在暗中标好了价格。"

物质可以满足一时的快乐，但一个人只剩下放纵和享受时，就没有了发自内心的快乐和成就感，而且会使人厌倦。

千万不要把闲散当作上天的恩赐，那些使你闲散的东西，有一天会彻底把你毁灭！不要为自己的懒惰找借口，生活也不允许任何人为自己的懒惰找借口，空闲就会扩大生活中的烦恼和不满，无病呻吟，或是大喊大叫，甚至于无事生非！

珍惜自己忙碌的时间。忙，是世界上最宝贵的药，能使灵魂散发出一种香味！

人在忙碌中会发现自己的不足，会更加努力，学会安排时间，学会取舍，使生活有颜色，未来有光明！

人不是想怎么样就怎么样的，假如不纠正错误，克服偏见，活着也就没有意义了。

世界上没有一个人是完全幸福的，当你知道世界上受苦的不只是自己，就会减少痛苦，也会在绝望中燃起希望！

人生有很多美好，无非是长期坚持的结果，那些有成绩的人，无不是闲不住的人！

罗曼·罗兰说得太对了："生活最沉重的负担不是工作，而是无聊。"

阳光明媚，满屋通亮，洁净而温暖。

拥有阳光的人才能给别人播撒希望！快乐的人，才能给别人带来快乐！有力量的人，才能给人以力量！

成功的光环只是一刹那，而长期地坚持、不懈地努力，才能永远拥有阳光！

很多人内心无比脆弱，一点挫折，便被击垮！缺乏毅力、韧性与坚强！

人在做，天在看，只要不放弃自己，扛得住，拿得起，诚信做人，不轻浮虚荣，不膨胀，总能承认自己的不足，修正不足，即使路走得长一点儿，也能实现梦想！

人生路不平坦，怎样走？全靠自己，不要怨天尤人，只要不懈努力，天不负人！

看到自己的成绩，自然会感到快乐，充满阳光！

这宛若树的倒影，非常美，正是有了大树，才有了倒影，也有了树与倒影构成的美丽图片！

自然界动植物的真实存在，日出日落、风雨雷电的真实存在，使我们感受到大自然的美丽和无穷力量！社会生活中，我们所崇拜的伟大的政治家、科学家、艺术家、企业家真实地为社会和百姓做出了贡献，所以受到群众的爱戴，被称为最美！

美必须具有内在和外在的统一、形式与内容的统一、感性与理性的统一。美与真是一回事，美本身必须是真实的！

图片中云层很厚，海水很宽，但无处没有阳光，港珠澳大桥更加明亮！

在生命过程中，希望就是阳光！但是生活中总有喜怒哀乐，哪怕是在宽阔的大路上，也难免会遇到迷雾茫茫，正因心中有了希望，可以用阳光驱散迷雾，照亮前进道路，为自己引航！所以生活中没有希望，是人生最大的无望！

人应该拥有丰富的人生，也有权利使自己变得更加强大，只要不失去希望，就不会失去自己，就不会有长久的消沉。苦难只是暂时的，苦难会使人变得更加坚强！

有希望就会有生命的绽放，就像阳光不会放弃任何可以照耀的地方！

阿维尼翁是20世纪世界绘画艺术的引领地，毕加索立体主义绘画艺术诞生于此，他的代表作《阿维尼翁少女》就在这里诞生。

阿维尼翁戏剧节被誉为欧洲三大戏剧节之一，路演是戏剧节温馨的一面，将小镇的街道用戏剧装点起来。众人都在围观这两人的表演！

无论从事什么工作，扮演什么角色，都必须以正确的世界观、人生观、价值观为基础，才能扮演好角色。得到应得的，而不要一切都想要，这样才能得到别人的认可，受到别人的爱戴。

爱因斯坦说过这样一段话，“我们这些总有一死的人的命运是多么奇特呀！我们每个人在这个世界上都只作一个短暂的逗留；目的何在，却无所知，尽管有时自以为对此若有所感。但是，不必深思，只要从日常生活就可以明白：人是为别人而生存的——首先是为那样一些人，他们的喜悦和健康关系着我们自己的全部幸福；然后是为许多我们所不认识的人，他们的命运通过同情的纽带同我们密切结合在一起。我每天上百次地提醒自己：我的精神生活和物质生活都依靠别人（包括活着的人和死去的人）的劳动，我必须尽力以同样的分量来报偿我所领受了的和至今还在领受的东西。我强烈地向往着简朴的生活，我认为阶级的区分是不合理的，它最后所凭借的是以暴力为根据。我也相信，简单淳朴的生活，无论在身体上还是在精神上，对每个人都是有益的”。

人的尊严往往在生活和工作小事上能得到最真实的体现。做得好的人，无论他站在哪里，都会受到身边人的认可和爱戴，这就是他真正的价值所在！

叔本华说：“人虽然能够做他所做的，但不能要他一切都想要的！”

让我们记住叔本华的话，努力在扮演的不同角色中得到应得的，绝不要一切都想要，弱水三千，只取一瓢。足矣！

慕尼黑室内剧院，我相信有人会在这里仰望天空……

正如黑格尔说的："一个民族必须有一群仰望天空的人，他们才有希望。"

可是在现实生活中，成功的标准，似乎就是物质的拥有，缺少什么呢？就是缺少一批从青少年起就胸怀大志，有理想，勇于打破常规的，具有浪漫主义态度的人。他们能在通往正义、真理、理想的道路上潜心笃行，思考如何为人类创造价值。他们就是一个国家和民族仰望天空的人！

历史上有过教训，巴比伦也曾是一个大国，但因为文化流失，没有了发展和进步，所以早已不复存在了，只留下了"空中花园"的传说。

梦想是最真实的现实，不是现实支撑梦想，而是梦想支撑现实！

梦在心中，路在脚下，实现伟大理想的过程，需要执着的心、踏实的作风，面对实实在在的现实，才能实现梦想。一个民族一定要有一些仰望天空的人，不被生活裹挟，不受荣辱牵绊，不受利益驱使，只遵从内心的召唤！

生活不是眼前的苟且，不是庸常的俗事及物质的枷锁。生活中看到的是深邃的天空，心中有深泓一潭，梦中有诗和远方……他们就是一群仰望星空的人，就是国家和民族的希望！

这是德国巴伐利亚一所小学的百年校庆，充满童真的孩子们将从这里迈向人生。大家渴望成功，但是否有勇气面对失败?

莎士比亚说："最后的结果决定工作的成败。"

贝多芬也说过："成功在道路的尽头！"

每一次创造的结果，不是痛苦不堪的失败，就是倒下去又站起来的坚强！总之，无论结果如何，都与磨砺和痛苦相连！

在海边，一只蚌对另一只蚌说："我很痛苦！身体里有一个圆圆的、沉重的东西，日日夜夜折磨着我，难受极了！"另一只蚌骄傲地回答："我没有任何痛苦，我很健全，非常轻松快乐！"一只螃蟹经过，对很健全的蚌说："虽然你很健全，非常轻松快乐，但你一无所有！你的邻居是很痛苦，但它孕育着一颗价值连城而美丽的珍珠！"

对于杰出者来说，要想得到那颗美丽的珍珠，就要敢于接受日夜的煎熬。

今天弦歌一堂，明天期待大家将会成为独当一面的栋梁！我祝福你们成为思想开阔、有头脑的人！

你偏爱什么，就会关注什么，思考什么，自然思考的内容就会装进头脑中！

市井百姓关注柴米油盐、生活琐事、家长里短，脑子里装的只有鼻子底下这些小事。养家糊口的人，关注的是付出换取的工作报酬，使家人过得充裕一些。有思想的人关注的是宇宙和世界变化、人类的未来！

人最终在道德上是需要自我肯定的，对社会、对别人有用，就是自我价值的实现，能做到这一点，自然不会囿于你长我短、生活琐事，必定是头脑和思想开阔！

没有一颗心会因为追求所愿而受伤，因为心甘情愿，一定有自信，能坚持，到时你会感到似乎整个宇宙都在帮你，幸福无比！

要做个思想开阔、有头脑的人，没有思想，没有头脑，生活绝不会很精彩！

第四章　关于美感——没有美感就没有美的自我塑造

理论概要

美感有两层含义：审美的能力和审美的情感。审美能力主要建立在丰富的想象力基础上。当我们看到大自然，从中感受到一种生活情趣，便浮想联翩，于是把自然人性化、人格化。例如，诗人看到小草，写出了“离离原上草，一岁一枯荣，野火烧不尽，春风吹又生”的诗句，借自然中的小草，比喻一种顽强和强大的生命力！又如人们常说的“闭月羞花，沉鱼落雁”，通过想象无疑使人联想到杨贵妃、西施、貂蝉、王昭君四大美女。杜甫的诗“桃花一簇开无主，可爱深红爱浅红”，通过想象我们知道诗人表达的是人的情感。又如迎客松、望夫石、母亲河等都与人联系在了一起。反过来，也可以由人想到物，如由“洁身自好”会想到“出淤泥而不染”的荷花，由人品的高洁想到翠竹，由不畏苦寒想到梅花等。以上这些例子都说明，正是通过联想和想象，人们有了审美能力。

审美情感是指主观对客观的态度引起的美感，这种美感并不仅仅来自客体的外在形象，而是由人通过物的外在形象，引起人的一系列思维活动、心理活动，在其形象的基础上被充实、深入、丰富并渗入大量的理性因素，也好比从对一个人外在形象的直观感觉到对其内在品质深刻地认识之后的由衷的评价、欣赏和赞美！所以美感是对事物提升到一种感性与理性相统一的高级情感阶段，称为审美情感。另外，审美情感也来自对生动的形象的感悟，如“红杏枝头春意闹”“细雨鱼儿出，微风燕子斜”。诗人对红杏、细雨、鱼儿、燕子的形象有了个人独特的感悟，通过形象表达了春天万象更新、欣欣向荣的景象和意境，也使人联想到处于青春期的朝气和活力。一些诗句都运用了鲜明的形象，并以主观的情寓景，使人们产生审美情感。因此，没有对形象外在与本质的思考和认识，没有联想能力和想象力，就不可能对客体有很好的审美能力和审美情感。

一个人缺乏美的感觉，对美没有感受，对美没有觉悟，就无法鉴别什么是美，因此也就无法塑造自身的美！

美感不是快感，快感是人的感官因外界事物而引起简单和直接的感觉，偏于生理的适应或不适应、舒服不舒服的一种初步主观反映。例如，饿了吃一顿饱饭很舒服，累了睡一个好觉很解乏，是生理上的满足，而美感的心理要复杂、丰富、深刻得多，美感是感性与理性认识统一后所产生的精神的愉悦，不是生理反应。

总之，美感不是一种简单的感觉，由感觉到知觉，并产生对生活经验的联想，引起一系列思维活动之后，回归到更深刻的那种感觉和认识，才是美感。主观没有对客观形象的捕捉不会有美感，没有对形象内在深刻的认识和理解也不会有美感，所以美是感性与理性的统一。

不同的历史背景，不同的时代，有不同的观念，也就有不同的审美准则。每个人都具有时代的审美属性。

审美有不同的层次，最普通的是悦耳悦目，其上是悦心悦意，最上是悦志悦神！因此只有自己有了审美能力，有了审美情感，提高自己的审美档次、审美准则，才能塑造使更多人接受、肯定和欣赏的更美好的自己。

训练要求

（1）请观看摄影图片，从中能找出多少种不同形状的线条？你认为它们像什么？你最喜欢哪条线？请组织一篇简短的即兴语言表达。

（2）请观看摄影图片，从中能找出多少种颜色？你最喜欢哪种颜色？为什么？请组织一篇简短的即兴语言表达。

训练目的

（1）培养欣赏美和发现美的眼睛。

（2）培养对事物的分解和重新组合能力。

（3）培养大胆设想，敢破敢立的创新精神！

图文例稿

这也许就是傲然！

回望历史，铁骨铮铮的人，名留青史，代代相传，后人无不膜拜敬仰！

东晋陶渊明，不穿官服拜见朝臣，受到斥责，愤然辞去彭泽县令，慷慨陈词“岂为五斗米折腰”，爆发出不平的心声！

苏武只身陷入荒漠，始终坚贞不渝，宁死不屈，维护了国家的尊严！

李白离开朝堂，愤愤然写出“安能摧眉折腰事权贵，使我不得开心颜”吐出一腔的悲愤！

鲁迅先生的名句“横眉冷对千夫指，俯首甘为孺子牛”，傲骨如钢！

傲骨是不屈的灵魂、坚强的信念、钢铁的意志。徐悲鸿说：“人不可有傲气，但不可无傲骨。”

无傲骨，腰是伸不直的，不能“哈腰”“折腰”，更不能借助其他力量“撑腰”！

腰不直何以行走天下？何以顶天立地？可谓自古英雄多傲骨！

傲气是过分显摆和张扬，是虚荣和夸耀的满足，是自持清高、自命不凡的愚蠢。傲气和傲骨不可同日而语。气盛必亏，气升入浮，人浮则事虚，事虚必功败！

傲气凌神骗自己！

傲骨无价重千金！

图片背景是现代化的楼房，自然让我们想到德国的包豪斯，他把建筑设计与工匠相结合，推动了建筑设计的发展，为后来的现代设计艺术开启了新思路，奠定了发展基础！

那盏路灯，还没点亮，当寒冷的冬夜即将到来，我们看到这温暖明媚的灯光，会感到无比幸福！

天空，目视着这世界的变迁，见证人类进步！只要是为人类做出伟大贡献的人，他们的名字不仅镌刻在纪念碑上，也刻在了每一代人的心中！

生活是丰富美好的，人比其他生物更能感受生活中的美好。

美是心灵的愉悦、内心的光环、精神的充实，谁感觉到生活的美，谁就觉得处处是春天！人心灵的清纯与生活相对应，那些感觉生活空虚无味的人，不会品尝到生活的醇美。鸟儿之美，在于能与园林中的乐曲共同鸣唱，飞翔的羽翼色彩斑斓，为园林增添了生动和活力！

生灵之美不限于某个族群和阶层，它是上苍和自然共同创造的“艺术”之光，让我们去追寻和享受，用听觉、视觉、味觉、嗅觉、触觉从生活的不同角度发现美，在不同地方感受美！那些对美熟视无睹的人，自然感官已经麻木，因此生活之花在他们身上残败，他们与万物之间美和丰盈的纽带完全断裂！

心灵充满美的人，才能视万物皆美，心能与蝴蝶共舞，也能与夜莺一起歌唱，可赏大海波涛万丈，能和微风共同飞扬。所以，车尔尼雪夫斯基说：“生活只有在平淡无味的人看来，才是空虚而平淡无味的。”

天上的流星偏偏掉在了水里，河流只好绕了一个弯，正因为有了这个弯，才形成独特的风景线！

瀑布是江河急流勇进，创造的奇迹！大海是水到尽头，汇成的汪洋！山原本没有路，第一个敢于探索的人，留下了穿越山峰的脚印，后人踩着他的脚印，才走出了一条盘山路！而第一个留下脚印的人，最能体会拼搏后的酣畅！

人生就是走无数次不同的盘山路，有的险峻，有的弯曲，有的反反复复九十九道弯，走过才领略不同的风光，磨炼坚强的意志，获得生存的智慧！弯要自己走，才能有亲身的感受，再不怕山的险峻和陡峭，回首远望，无怨无悔，全身充满力量！

走无数弯路，是人生的必然，没体验过曲折，就不懂什么是超越，生命就是一连串的体验和超越，不同体验就是最大的收获和财富！

人生最大的弯路和遗憾，就是没有走过弯路！

人们曾经生活的空间，会有很多今天所不存在的故事，人与人之间就像那树根盘绕，难分难解，苦乐相融。尤其在一些特殊时刻，邻里相互关照，有着牵肠挂肚的真爱和惦念！当然，偶尔有人也会发“杂音”，也许会引起愤愤不平，但事过之后就变成茶余饭后的笑谈，国人的豁达、宽容、善良，充分体现在这些最平实朴素的人们身上！

社会的变迁，有时会破坏了这种和谐，树叶也不再成为你的、我的、他的眼，也许这最后的第29棵树，就是大家最后的一双眼，也是最后的留恋！

以后就只能远远地观看，傻傻地看它在寒风之中，枝迎南北客，叶送往来风。

过去的一切已成今天心中难忘的往事，而今天的一切便是明天的故事！

人在世上活着，要有个目标！

既然选择了世界尽头，船就要朝着这个方向航行！

人的一生很短，没有必要停泊。有些事不懂，与航行无关，没有必要搞懂；有些人心猜不透，何必去猜？有时不快乐，是因为太在意，应该丢掉这些，唯一关注的是要保证船的正常航行。

有时风大雨急，天黑人累，礁石林立，不知道怎样让自己安然驶过，只要心里想驶过，就总有办法能驶过！

一路所经历的都会使自己感到惊奇和喜悦，也使心灵变得更成熟完美！真正的历练就是面对自己，关照自己，反思自己，改变自己。

要懂得只有尽人事后才能听天命，不能不尽人事只靠天命。想不劳而获，是天所不容的！

无需今日理旧梦，一朝一夕皆来生。转念即是晴万里，春色一路唤东风！

在中国古诗词中，有意气风发的诗词，也有情绪低迷的篇章，无论是哪种，作者的心态在作品中总能得以体现。如：红城流转浪淘沙，还灭爵名漫僧家。苦海逐波弄潮客，无际滩涂秋荡崖。作者眼里看到的尽是衰败，连山崖都是一片悲秋的景象。

而贯穿加缪一生的，是一种勇往直前的反抗！一种壮美！哪怕是最深的绝望中也包含最大的热情。正如加缪自己所说："在隆冬，我终于知道，我身上有一个不可战胜的夏天。"

加缪即使在逆境中，内心仍然充满火辣辣的热度，这就是他内心的激情之火，它会使生命沸腾，即使在大雪纷飞的寒冬，也燃遍全身，热度不减！

这说明加缪信念的坚定，内心热情决不会随外界的变化而变化，更不会因某件事情受阻而被击败！尤其在低谷失望和对未来迷茫的笼罩下，只要抓住心底的力量，不为过去后悔，不对未来怀疑，不降低自己的标准，坚定地坚持下去，一切都会逆转，来年春燕一定回来，春花一定盛开！

即使满山崖都曾是一片悲秋的景象，但加缪因全身热血激昂，心中照旧是夏天，永不衰败！

贝多芬的塑像在画面中如此醒目，他昂着狮子般高傲的头颅，用音乐战斗，从不屈服！

贝多芬是古典主义作曲家，也是浪漫主义音乐的先驱。可以说没有一个音乐家像贝多芬那样，对音乐进程产生如此大的影响。

贝多芬出生于德国波恩小镇，他的父亲脾气古怪，自私，没有责任感，作为一名宫廷歌手，总梦想成为富翁，名利双收。于是他培养4岁的贝多芬，想让贝多芬成为像莫扎特那样的音乐神童。他经常在三更半夜大吼："贝多芬，弹琴！"贝多芬只好掀起被子练琴，动作慢了，就会被痛打一顿。

对于愁眉苦脸的贝多芬来说，只有当黄昏时分，一个人躲在阁楼的窗台上，看小朋友玩耍时天真的笑容，听他们游戏时开怀大笑，内心才有一丝轻松愉快的感觉，感受到一点儿童年的快乐！

1789年，贝多芬19岁，德国知识分子对革命的期待、向往、热情、赞颂都深深吸引了他。1792年，贝多芬来到维也纳，资产阶级的不平等意识和倔强性格，使他感到自己与贵族之间有不可逾越的鸿沟，贵族的任性和无知都激怒着他！

贝多芬强烈地向往自由，对现实的不满和激烈的冲动，在激动而有力的乐曲中咆哮着，他的音乐像雪崩一样，像熔岩一样，诉说着苦难和对幸福的渴望，还有热情的憧憬及悲伤的哀求。

不幸的是26岁的贝多芬开始出现耳聋症状，44岁完全失聪。在生命的最后十年间，贝多芬经历了思想和艺术上的升华过程。他根据自己的经历和体验，认为最优秀的人物必定会经受痛苦，并从痛苦中得到欢乐。

贝多芬作品所包含的内容和情感，博大而丰富：有沉重的痛苦和悲哀，有强健豪迈，有粗犷的冲击，有深沉的思索，有温暖的柔情，有凯旋，有喜悦和狂欢……这些丰富的起伏、激烈动荡的情感都是时代在他内心的反映，也形成他简洁、粗犷、质朴、热情的音乐特征。

正如贝多芬所说："只要行为正当，那么勇气会使你获得一切。"

"丑恶穿行于充满欲望的路径，引诱许多人跟着它走。美德追求一条险峻陡峭的途径，对人类较少诱惑力！"贝多芬知道，通向完善的道路是漫长的，而精绝的技巧总是在道路的尽头。

贝多芬从不向权贵献媚，他一直傲然挺立。在《命运交响曲》中，我们听到了贝多芬的不屈、抗衡，要扼住命运咽喉的搏击，充满着激烈斗争精神，鼓舞着后人！

贝多芬说："把生命活成千百次真是多美……"

贝多芬虽然在1827年3月26日57岁时离开了这个世界，但他的作品一直深受人们的喜爱！贝多芬永远活在人们心里！他的作品永远属于全人类！

一只猫趴在餐桌正中，它等待着聚会的开始。

它会打搅大家吗？不用担心，只要有点动静，它会很快爬起来跑开！

永远别说“永不”，因为没有“永不”，世界上永远不变的，就是永远在变！

所以不要杞人忧天，更不要固执己见。

在现实生活中，没有永远的不变，人最大的敌人就是自己，不敢于挑战，总是想谈一次恋爱就成功，做一次生意就赚钱，道理听一次就彻悟，论文写一次就通过，那当然通泰！但人生缺少了一样调味品，智者有时愚拙，专家有时荒谬，勇士有时惧怕；辩手口吃，讲跑题，路走错，谈恋爱失败，本来就是不足为奇的事情！成功者往往是在失败中找到了成功的灵感，唯有在失败中成功，才不只是形式上的成功，而是心灵的成功！

错误的魔力就在于能提供获取新知识的机会，能在尝试中改变自己的陋习，开辟新天地，创造未来！所以我们面对生活和工作的选择时，要敢于挑战自己，强调不同，敢于打破旧框框！走别人没走过的路！

唯有坚持自我，才能建立独一无二的“品牌”！个人“品牌”往往是在碰撞、伤害、失败后诞生的，如果有毅力和韧性，经过这一切后，仍能挺得住，愿望就一定会实现！

敢于挑战，坚守信念，首先就是坚守做人的理念。自重的人必自律，自律不仅是道德问题，更会产生傲然不群的气度和无穷的吸引力，这一切将使人享受不停挑战自我获得成功的快乐，并受益终生！

西南古镇，有木独秀于此，俨然具有指点江山之傲然之气！

宇宙之大，人类何其渺小！地球只是宇宙中的一滴眼泪！

不要遗憾失去什么，更不要惋惜没拥有什么，只要珍惜今天的好心情！好风光！

人从诞生起，就在走向死亡。死亡的阴影随时笼罩着我们，警示生命的脆弱，让我们不得不承认，四季轮回，日月更替，死亡与再生，才是真正的永恒！

我们的生命像是一季花朵，随着季节的变化，总会凋谢枯萎至最后的消亡，再等待来年有幸地开放！我们要珍惜生命、呵护生命，只有平和的好心态、健康的身体才是我们拥有的真正财富！

也许最好是做一棵树，没有悲伤，没有痛苦。一半在土里掩埋，一半在风中摇曳。一半洒落阴凉，一半吸纳阳光。既无语，又清高。从不依靠，也不寻找。我想花也可豁达面对一切：如果花无心于万物，何求万物来思想。笑着面对，自然开放，悠然、随心、随性、随缘……

任四季轮回，任人来人往，来是缘，去是归。归去来兮，自然现象。回想如何？何必自伤！忘记又何妨？

活着，不如就享受好山、好水、好风光！

它在这里静静地看着周围的沧海桑田，树木依旧，可惜流年。

阳光会有，希望就有，关键是需要你努力奔跑，追逐阳光！

哪里有阳光，哪里就有希望的曙光，希望是信心、决心、勇气、持之以恒的耐心和努力的坚守，就像那掩埋在皑皑白雪之下的枯叶，虽在寒冬，粉身碎骨，仍深深扎入泥土，默默滋养着这块土地，供养着它的儿孙，在暖阳照耀的春季，萌发出更多嫩绿茂盛的苞芽，净化空气，散发清香！

时代广场是纽约市曼哈顿的繁华街区，广场上人头攒动。

图片正中的一位男士，戴着耳机，神态肃穆，匆匆走过，瞬间定格，似乎与这里的气氛很不协调！这里是娱乐和购物中心，也有百老汇和其他剧院的演出，大量的霓虹灯广告，巨大的电视宣传板，还有很多媒体在此设置的演播室和新闻中心。

城市广场是纽约的标志，反映了曼哈顿强烈的都市特性！所以有人说，没到过纽约，没到过曼哈顿，就等于没到过美国。

有繁华就有落寞，没有对与错！

肯定地说，曾经有人在这里创造过灿烂辉煌，就如那夜空中的烟花，漫天璀璨，刹那过后留下的是渺茫和空旷！也像人类文明留下的遗址，当年的情景，触手可及，但眼前又无处不是残垣断壁的凄凉。

所以，荒凉和寂静是繁盛剥落后的内层，而繁华就是凄凉和落寞的外衣；窗外灯红酒绿，内含着日后的落寞凄凉！

热闹倚着曼哈顿的霓虹，孤独的内心，依旧回响着远去的歌谣。没有人是一座孤岛，人都需要交往，不可否认交往中的热闹可以尽兴享受，而尽兴之后留下的空白，便更感到孤独与悲伤！身处现代化社会，我们无法避免尘世喧嚣，满目皆是“桃花林”的景象，但要懂得“小隐隐于林，大隐隐于市”的道理。繁华热闹下的孤独，大多会带来内心的自我沉寂，于是漂流就是自我寻找的常态！

莎士比亚说：“充满声音与狂热，里面空无一物。”

既然选择享受漫天烟花的喜悦，就要接受尽兴后的孤独，那就如花开后的残败，满地的落红……

圆月又升照古都，时光渐行渐远，各走各的路，无需与谁同！

事与愿违是生活常态，面对不如意，如果能坦然接受，认真分析，得到解决，我们就会获得成长的快乐！

“将酸酸的柠檬，变成甜甜的果汁。”这让我想起寺庙中的素斋，明明是豆腐，却可以制作出肉的样子和味道；明明是淀粉和鸡蛋，却可以成为“松鼠鱼”；明明是蘑菇，却可以做成鸡汤……

看似满桌鸡鸭鱼肉，实则全都是素食原料！

记得小时候，父母为了让我们头脑灵活，故意出些难题，让我们作文章，开始我们一个个被逼得头昏脑涨，但后来就能作出精彩绝妙的文章！

当我做老师的时候，把它变为训练学生思维的一个练习！

正视问题，开动脑筋，不断磨砺，酸酸的柠檬可以变成甜甜的柠檬汁，又算得上是什么不得了的问题、了不得的事情呢？

见多识广，历尽磨砺，方成大器！

在我们面对一件伟大的艺术作品时，就像图片上的海报墙一样，我们不能不拷问自己，是否如傅雷给儿子傅聪的信中所说：“真诚是第一把艺术的钥匙。”

我们初出茅庐，习惯坦诚相见，直白地表达内心的真实，但在一次次碰壁之后，我们的真诚换来的可能是无情和冷漠，既让我们产生了对伪君子的憎恶，也让我们有了对自己的怜悯，于是反问自己，真诚的结果到底是什么？结果非常可悲，那就是为了生存，不仅需要伪装自己，还需要借助强大的保护伞，才能更好地活下去！于是在理想与现实的纠葛中，大多数人就这样逐渐忘记了生而为人的真诚本质，忘记了当初自己所追求的自由！

傅雷的家书像一道闪电，划破长空，告诉我们，艺术家只有独立思考，才有艺术个性，才有艺术灵魂。

傅雷给儿子傅聪的家书有186封，充满对儿子的爱和期望及对国家和世界高尚的情感！

艺术不但不能限于感性和理性认识，必须还有赤子之心，纯洁无邪、清新和伟大的爱心！这种爱是真诚的、清白的、高尚的、如火如荼的！

一切伟大的艺术家都具有人性之美，只要挖掘出自己身上的人之共性，就找到了沟通的桥梁，再仔细揣摩，把独特的个性体现出来，就能在作品中真实地展现！

有人缺少真诚，只把真诚挂在嘴上，那是吓唬人的幌子，只为装点自己的门面，并非真有所感，所以他们的作品不能深入人心！

知之为知之，不知为不知。真诚的不懂，胜于可厌的装腔作势。有真诚，才能放下虚荣，了解自己，修正自己！一个人如果能不停地开垦自己心中的园地，接受变化无穷的形与色、境界与格局，就与众不同了。

千真万确，真诚是第一把艺术的钥匙。希望每一个艺术家都能拥有这把钥匙，并使用这把钥匙，给人们以启迪、引领，净化人的灵魂，使生活变得更美好！

重峦叠嶂，云雾朦胧，多架飞机停在停机坪上，无论到哪里，都可以乘着飞机，做到“你不过来，我就过去！”。

有一个大师可以移山，徒儿们请大师当场表演。

大师在一座山对面坐了一会儿，起身跑到山的另一面，说表演完毕了。

众人大惑不解，大师道：“这世上根本就不存在什么移山法术，唯一能够移动山的方法就是山不过来，我就过去。”

意思是说，面对难题，如果换一种思维方式，换一个角度，不去非要改变不可改变的现实，而是改变自己，使思维能灵活多变，才是成事的途径！

我们活在世上，有太多的事情如同大山。

无法解决时，最好的方法就是调整自己！

若别人不接受你，那就找到自己不被接受的原因，再改变自己；如果无法说服别人，是自己没有足够的说服力；假如顾客不愿买我们的产品，就要设法知道什么产品能使顾客满意。

成功首先要有改变自己的能力，只有改变自己，才能改变环境，改变别人，最后找到属于自己的世界！

今天的社会发展如此之快，我们只能适应新环境，适应市场新需要！

一个人可能在金钱上贫穷，但不能在精神上贫乏，在灵魂上肮脏！

所以“山不过来，我就过去”，是一种思维方式，是思考问题的另一个角度，哪怕面对人工智能时代，“山不过来，我就过去”也能体现它的珍贵价值！

真正意义上的大无畏，靠的是自我牺牲、不惧生死，如果真有这样的人，肯定是为正义而献身，他的生命价值不可估量！

生命的意义是相互影响的，会使更多的人发自内心地爱、同情及效仿。

人与人之间的信任、理解、宽容是交往的基础，相处不累，久处不厌，如果能达到这种状态，就会越发和谐，而且能真诚地做自己，彼此尊重，心中都很踏实，真心真意。

不要放弃对自己的思考、对自己的真实。就如图片上的男孩，双脚踩上摇摆的枯树，眼睛看着远方，真实、真切、无畏，你看到什么，听到什么，做什么，和谁在一起，有一种从心灵深处满溢出来的不懊悔和喜悦！

生命有限，唯有立德立言，无问西东！愿你被打击时，记得你的珍贵，坚持抵抗恶意；愿你在迷茫时，坚信你的珍贵，爱你所爱，行你所行，听从你心，无问西东！

艳红色的花朵，喜庆吉祥！中国红、橘红、桃红好像正是这两年的国际流行色，它代表了时代精神和人们心中的渴望！希望明天的生活永远艳丽夺目。

一生很长，一生也很短。老人总是怀念过去，小孩子常常盼望未来，却忘记了最重要的此刻！

没有此刻，未来就很虚幻，即使到了未来，未来也是曾经此刻的积累。

此刻是最宝贵的，此刻就如流星，不经意间刹那划过。

托尔斯泰说："你的一生没有抓住哪一天，哪一天就永远不会返回。"托尔斯泰说的哪一天，答案就是现在，就是今天，就是此刻！

生活潮起潮落，坎坎坷坷，唯有坚韧不拔，珍惜此刻，付出分分秒秒的努力，才不负未来！

鲁迅说："时间就是生命。"科学家说："时间是探索和创造。"企业家说："时间就是金钱。"

过去的此刻，是未来的起点，抓住过去的此刻，就是不放过未来！

每个人都只有一个此刻，此刻永远是行动的最佳时机，每一个成功都来自此刻，让我们的每个此刻都能光彩夺目！

此刻最珍贵，金钱买不到，权势留不住。

上苍给每个人的此刻都一样多。勤奋的人在此刻终有所收获，懒惰的人在此刻留下悔恨和遗憾！成功往往只垂青于能把握此刻的人，因为成果是此刻和行动的化合物！

花谢有花开，燕去再归来，阳春驱冬日，人无再少年。

正如《千家诗》收录的一首作品：三更灯火五更鸡，正是男儿读书时。黑发不知勤学早，白首方悔读书迟。

一个人的奔跑，他不是在追逐，而是在寻找。

普希金在诗中说："亘古至今，智者们一直在寻找。真理是那被遗忘的痕迹，他们无休无止地在解释，老人们代代相传的传说。"

什么是真理？真理就是正确反映客观世界发展的思想，它对人类社会和绝大多数人的生存发展具有重大意义。

真理没有高低之分，只不过有绝对真理和相对真理。总之，真实确定的理，就是真理！

不同时代有不同时代的理，例如，祥林嫂在那个时代是使人们同情的，若在今天，人们不仅不同情，相反会认为她不可思议！

如今，比胆大的时代过去了！比努力拼命的时代已经过去了！比智慧和创造的时代来临了！

读书就是为了明理，在不同时代找到符合时代要求的道理，按道理做人做事，就可以得到成功！

真理是对客观事物及其规律的正确反映。探求真理是人类本性之一。我们必须分清什么是绝对真理，什么是相对真理，否则就会陷入形而上学，变得无比僵化。

沟壑层层，片片房屋，住着山里人家。

生活像流水，时间带走了一代一代人，至今人们为了生活，还在努力追赶，再追赶……

无论从事哪种职业，为了实现心中的目标，还得奋斗，拾级而上！

岁月之所以珍贵，就在于它必然流失！无论选择什么样的生命形式和目标，即使达到了，岁月也是一曲逝去的挽歌。

每个人选择的目标是不一样的，时间的长河，不管你是谁，不论你做什么，拥有什么样的空间，它都用一种速度承载着你流向大海！

人格没有高低贵贱，选择也应是自由的，只要你喜欢，做得心甘情愿，自然会拾级而上。选择的自由，应该在每个人自己手中。

喜欢攀登到山顶的，就向山顶进发；喜欢驻足山腰的，就尽享山腰风光；爱水的傍水而居，或干脆以船为家，漂流四方；既爱山又喜水的，可定居于山水之间。

如今每个人都有选择的更大自由，正因为有了不同选择，所以不是旋转木马的残酷游戏，必须在一条旋转线上彼此追逐，又永远有距离。

一个人的选择，在别人看来也许是奇怪的路、陌生的景、看不懂的戏、难听的歌，但只要他自己愿意，为此而感到喜悦和满足，就是极致！

所谓流水的生活，就包括了对时代变化的敏感度，在这个大前提下，才能找到正确的方向，达到“拾级而上”！

闲云浮影日悠悠，物换星移几度秋。

今天，人们看重智慧和道德的时代已经到来了，无论你做什么样的选择，必须遵守道德的规范，必须以不损害别人为前提，才能实现自己的目标。

时间是伟大的作家，它会给每个人写出具有个性的、最真实而精彩的作品！

俗话说："不如意事常八九，可与语人无二三。"

世界本来就是迷宫，没有必要再建一座。

正如渔翁撒开渔网，不见得网网都有鱼；猎人捕猎，不是每次都能收获猎物。

每个人都希望有完满人生，实际上每个人都要接受人生的不完满！正因为不完满，才有了追逐完满的渴望，才有了不同的人生，也创造了人生的不同价值。

只有我们接受了人生的不完满，才能去思考下面的路应如何走下去。在走的过程中，便悟到了要随缘和顺其自然的道理。

运有大小之别，霉气也有浓淡之分，往往走大运，倒大霉；走小运，倒小霉。就像付出和得到一样，绝对成正比。

一个人的天赋，无法由自己决定，机遇也是可遇而不可求，只有勤奋是由自己掌握的。所谓"听天命，尽人事"，就是有了机会，必须珍惜，努力！再努力！

每个人都希望能实现自己的心愿。要全都实现，实在是很困难的：生活有苦恼的时候，工作有不顺的时候，事业有受阻的时候，情感有失意的时候，于是就产生悲观、苦恼、失望等不良情绪，觉得自己不幸。

其实这些问题每个人都会遇到，因此我们必须想到一个平凡的真理——不完满才是人生！能坦然面对，才是快乐人生！

人生就如一棵大树，越枝繁叶茂，空隙也越多，因为空隙可以使空气流通，树木更易吸收废气，更方便吐出氧气！

命运的本质是残缺的，人生是由各种味道组成的。生命过程中，每个人都会有"留白"，用以思考、沉淀、总结、放松，更好地体验认识生活！如果没有"留白"，或"留白"太少，人会把自己捆绑太紧，没有放松的空间；"留白"太多，会无谓浪费时间，变得苍白无味，空虚无聊！

人无完人，金无足赤。完满的人生是没有的，人生不完满，才是真实的人生。

第五章　审美能力的基础——想象力

理论概要

想象力可以使我们不受时空的限制，做到观古今于须臾，抚四海于一瞬，五湖四海信手拈来为我所用，提高我们的创造力。

伟大的新古典主义画家安格尔通过想象，花了36年时间，画出了美轮美奂的作品《泉》，用大半生精力讴歌少女之美！安格尔画的《大宫女》更是创造了美！仿生学告诉了我们，人们看到鸭子，造了船；人们看到了鱼，造了潜水艇；人们看到蜻蜓，发明了直升机。

想象是创造的先锋，想象更是审美能力的基础，没有想象就没有审美的感觉。诗人的想象力是非常丰富的，当他们看到月亮，有的想到“举头望明月，低头思故乡”；有的想到美丽而沉静的“春江花月夜”；有的想到“月上柳梢头，人约黄昏后”；有的想到“举杯邀明月，对影成三人”；有的想到“独上西楼，月如钩”。这些诗句表达了他们不同的处境、心态和审美情感。也有人看到月亮，想到团圆，想到圆满，想到美满，想到嫦娥等，也对月亮产生了审美的情感。而没有想象力的人，不可能有这种审美能力，所以，也写不出千古流芳讴歌月亮的诗词。

有人说，想象力是灵魂的眼睛，因此我们必须用灵魂的眼睛（内心视觉），以生活为依据，联想到我们的所见所闻，彼此相近或相类似的情景情感，通过直接或间接的感受，启发自己的感官，重新分解、综合，进行创造，想象并看到想象中的最美的东西，产生态度，从而使我们有了情感体验和审美能力。

我们的想象不仅停留在形体静态的塑造上，更重要的是能具体、生动、准确地表达其特有的情趣、个性，不同的时间、地点，不同条件下、不同情境之中事物独有的特色，从而调动自己的情感，表达自己的情感。

想象力的培养与生活积累和文学艺术修养是分不开的，生活知识的广博、文学修养的深厚是想象力的基础。我们常说见多识广，就是说要有丰富的生活积累，要有广博的知识，这样才能有很好的发散性思维，才能有牵一发而动全身的敏感和想象力。

我们应该主动训练自己的想象力，细致地观察生活，广泛地吸纳知识，使自己具有丰富的想象能力、联想能力和审美能力，迸发无穷的创造力，才能使自己有很好的美的自我塑造和表现力。

训练要求

（1）请在摄影作品中找到几种线条和颜色，结合某一个重点（中外、历史、名胜古迹均可）做一篇即兴评述。

（2）通过摄影作品的线条、色彩、内涵，你能想到什么人，想到什么事？请做一篇即兴评述。

（3）思考如何开头、发散、收尾，即兴评述尽量完整。

训练目的

（1）充分开发想象力。

（2）锻炼分解事物并重新组合的能力。

（3）锻炼大胆创新的能力。

图文例稿

一场在任何城市都会发生的聚会，不管用什么食物招待朋友，都少不了酒的登场。看来酒无论在哪里，都受到人们的欢迎！

在我们民族的历史长河中，有些事物走在了世界前列。酒就是其中之一，谷物酿造的酒，一直处于优势，并有自己的光辉篇章。

《诗经》中记载“十月获稻，为此春酒”，新石器时代的出土陶器中也有不少酒器，说明原始社会酿酒已盛行。

酒是人们的知心朋友！自有酒以来，人们就再也离不开它了，无论喜怒哀乐，都能因酒而翻倍。

例如，聚会时无酒不欢，观看别人饮酒，也是看人生百态，那情那景既陌生又有趣，收获了快乐，也加深了情感。文人墨客也留下了很多关于酒的不朽的诗篇。

例如与朋友相逢或分别时有酒相迎、相送：“新丰美酒斗十千，咸阳游侠多少年。相逢意气为君饮，系马高楼垂柳边。”“葡萄美酒夜光杯，欲饮琵琶马上催。醉卧沙场君莫笑，古来征战几人回？”“渭城朝雨浥轻尘，客舍青青柳色新。劝君更尽一杯酒，西出阳关无故人。”

苦闷时也有酒相伴：“弃我去者，昨日之日不可留；乱我心者，今日之日多烦忧。长风万里送秋雁，对此可以酣高楼。蓬莱文章建安骨，中间小谢又清发。俱怀逸兴壮思飞，欲上青天览明月。抽刀断水水更流，举杯消愁愁更愁。人生在世不称意，明朝散发弄扁舟。”“一曲新词酒一杯，去年天气旧亭台。夕阳西下几时回？无可奈何花落去，似曾相识燕归来。小园香径独徘徊。”

惆怅时也要有酒：“水调数声持酒听，午醉醒来愁未醒。送春春去几时回？临晚镜，伤流景，往事后期空记省。”

孤独时也要有酒：“花间一壶酒，独酌无相亲。举杯邀明月，对影成三人。月既不解饮，影徒随我身。暂伴月将影，行乐须及春。我歌月徘徊，我舞影零乱。醒时同交欢，醉后各分散。永结无情游，相期邈云汉。”

爱情宣泄也要有酒：“酒入愁肠，化作相思泪。”“风吹柳花满店香，吴姬压酒唤客尝。”

酒不醉人人自醉！愿有爱相伴！愿有酒陪伴，天天开心！

看到照片就想到曾经的自己，也曾有他们那样的眼神，有那样稚嫩而神奇的向往！

再长大就有了压制不住的渴望，盼望着命运波澜，但到最后才知道，人最妙曼的风景，竟是内心静寂之美的淡定与从容！

也曾心系于外界的认可，其实世界是自己的，与外界和他人毫无关系。

最使人眼花缭乱的是眼前曾有那么多条路，自己却无法确定，到底要走哪一条。

也经常听到别人对他人的评论，于是就把这些评论作为衡量自己的标准，而从没想过要相信自己！也曾经遇到过一些问题，但各有各的答案，面对这些答案，更无所适从，不知哪个答案是正确的。

正是没有独立思考能力，所以轻信他人，总是上当受骗。

每一个人都是独立的，应有自己对事物的思考判断，不要与他人相比，挺起胸膛对自己说，我就是我！

因为世界是自己的，你原来看到的世界是什么样子，就是什么样子！你要在这个世界上做什么，就去做什么。要学会独立思考，判断是非，为了要做自己想做的，哪怕跌倒、受伤，也要历练自己，坚持做下去，只要面对坎坷，勇敢挺过去，世界就会留下你的脚印！任何时候都不能从众，从众就没有自己，没有自己必定平庸，最后总会被时代淘汰、抛弃！

很多伟大的、为人类做出贡献的人，都曾被看作异类，但事实证明了他们才是不可多得的人才！

蓝色的海洋，无边无际，要想找到自己的最爱，必须竭尽全力。

孤独源于爱，没有爱就不会孤独，所以爱是孤独的前奏和序曲，从此就开始了寻找爱的大戏，也更加懂得了孤独灵魂深藏于心，建立起的珍贵精神世界！

寻找爱，恰如孤单穿越无边无际的沙漠，也似漂泊于波涛翻滚无尽头的海洋，或是行走在吵吵闹闹喧嚣的城市，这一切都是要去那心中最爱的绿洲！

尼采说："一个伟大的人往往受到排挤、压抑，甚至被人斥为哗众取宠而陷于孤独中。"

回顾历史，伟大人物大多是孤独的，在探索中被视为异类。

孤独是人回归自然的一种本性，喧闹后的孤独是一种心境，只是不同人对孤独有不同的理解和感受，有人认为孤独是世界上只剩自己一个人，相反有人认为孤独是历尽繁华和喧嚣后的强大——自己能成为一个世界！

孤独不是孤单、寂寞、无聊、空虚，而是精神境界的一块处女地，心灵充实到极致的境界，只有做大事和真正有思想的人，才能享受它的乐趣！

孤独是心底盛开的花朵，散发幽香；是自己与自己对歌，吟唱妙曲清音。

孤独也是感到世界太大、生命太短，要追求到自己想要的最爱，必须肩负起自己心中的使命去勇敢穿越。

孤独中一直陪伴你的，就是那个内心无比自尊、自信、自强、自爱的自己！

思绪繁多，小窗半月，远景最风流！

小城的掠影，斑驳中仍然有鲜花怒放。

胡适认为，看一个国家的文明，就看如何对待小孩、女人以及怎样利用闲暇时间。

英国诗人威廉·布莱克在富有禅意的一首诗中说：“一粒沙里见世界，一朵花里见天国；手掌里盛住无限，一刹那便是永劫。”

就如我们种花，播下一粒小小的种子，开出来饱满美丽的花朵。花的开放，不仅有小小种子，更有着种花人的辛勤培育和付出！

因此，任何小事都包含无限可能，明示着大道理，如“一屋不扫何以扫天下”，也就是说，若小事都不做，又何以成就天下大事呢？是以小见大，把有限推及为无限。

一粒沙，一朵花，都是物质的有限，但体现的是大千世界的无限！

手掌虽小，却能把握自己的命运。平凡的重复，可能在某一刹那成为非凡，所以非凡就是刹那间的定格和永恒！

在变幻无穷的现实社会中，始终保持一种无限的态度和心情，不被现实有限所迷惑，将一切掌控于手，把握有限，创造无限，那便是永恒的瞬间！

一念成沧海，一念化桑田；一念斩妖魔，一念诛万仙。

珍惜刹那间，把无限紧握在自己手中，创造瞬间永恒！

据说这里是见证爱情的地方，一对对新婚的年轻人，手牵手走在广场上，这也许就是诗人威廉·布莱克所向往而永远实现不了的幻想。

他在诗中说："一花一世界，一叶一追寻。一曲一场叹，一生为一人。"

这诗充满了伤感凄美和禅意！

生活中，人们对花和世界的认知各有不同。

有"花落水流红，闲愁万种，无语怨东风"的诗句，也有"感时花溅泪，恨别鸟惊心""泪眼问花花不语，乱红飞过秋千去""花开堪折直须折，莫待无花空折枝"。

虽然说的是花，表达的却是纷繁世界中个人的情感及对生活的不同感悟、不同选择！

花开花落，草木枯荣，生来逝去，都是自然规律！

宇宙中的一切瞬间都在变化，所以无实，宇宙间的一切又是本性体现，所以无虚。无实是不要执着世间一切，看淡不被左右，无虚是要因果不昧。

物来则应，物去不留痕，一切随缘。所以不必厌喧求静，要中虚外顺。有无疑的信心、无垢的净心，就会有无烦恼之心。

明白一切事理是智，了解一切事相是慧。

心若无物，就可以参透花草；参透花草，也就参透了情感、生活和整个世界！

我们几十岁了，还不能真正了解自己，有什么资格说教，要别人也变成自己?

在事物发展过程中，不是一切都是直线发展的，而是由各种曲线和不同线条构成的，很多都是意外。何以应对? 唯有平时对知识和实践的积累，才能有判断能力和应对能力。

没有直达车! 有智慧，懂规律，切合实际才有出路。

“你需要去相信，生命中有些特别的东西，是可能存在的。”这是电影《美丽心灵》中的话。

的确有很多年轻人从来不考虑这一问题，因为“初生牛犊不怕虎”。但不管你怕不怕，“虎”毕竟是客观存在。所以不怕，是因为人对自身了解太少！

我们只能改变自己来适应客观，不管你能否看到“虎”，它都存在于世界上，且我行我素。

也有人说，人的一生都是安排好了的，一些人不相信，但当经历很多坎坷和磨砺以后，你就懂得了顺应，也有了对命运的敬畏！

这种改变也是对生活的开悟，对规律性的理解和尊重。甚至感到在这种大环境下，人必须为自己再做调整和安排，顺势而为才是上策。

所谓总能立于不败之地，实际就是懂得在大环境变化中，如何顺势而为，在变化中依旧能如鱼得水。

这样才能感受到，你过去没有感受到的生命中特别的东西，确实是在生命过程中存在着！

这是中国的西南，那对岸，农夫归来，两头牛在屋前悠然自得。静谧的小院，再加上王维的诗："萋萋春草秋绿，落落长松夏寒。牛羊自归村巷，童稚不识衣冠。"更是让人想返璞归真，回归农村！

其实，现在的农村早已不是王维当年的模样！

无论在哪里，只要心安便是家！

任岁月冷暖，内心装着善良和爱，看着山水美景、明月清风，保持对事物如初的期待，照旧可以用最美的心情过着自己的日子！

美好有时并不在远方，而是近在咫尺，自会听到鸟语，闻到花香，心旷神怡！

慢生活同样可以不辜负时光和流年。慢，是一种心态，而不是状态。细细地感受，用心来享受生活中的美好。一杯茶，一场聚会，一次美味的品尝，专注当下，以平静的心来对待一切，这种慢的生活，每个人都可以拥有！

岁月永远年轻，我们会慢慢老去，但只要童心未泯，就拥有快乐之源！

奔跑不代表快，散步不代表慢，关键是要让脚步跟上自己的灵魂！

岁月之美，在于它必然流逝！

春花，秋月，夏日，冬雪，若静观，自然之美就在眼前，就能回归自然的纯净！

端坐窗前，不闻外界喧嚣，只见微风拂柳，平静如素，也是一种泰然之悠闲！

一花一世界，一念一尘缘。用微笑面对今天的拥有，感恩生活，珍惜幸福，享受灵魂和精神的平静和闲适，也许胜过王维当年的农村生活。

两只小帆船，在维多利亚港航行，满目碧蓝，这是多少人梦中寻找的“蓝色彼岸”！

也许错过了许多这样该去的地方，因为没有找到捷径，古今中外曾有无数人寻找捷径，结果都无功而返。因为每条通向自己要去的地方的路都很遥远，并且一路有泥泞，有坎坷，有沼泽，有荆棘，有风雨。

梦想公平地对待每个挑战者，不向任何人提供捷径！否则，成功也会失去应有的喜悦和光芒！

弯路和捷径是对立的，成熟靠意志的坚忍、苦难的磨砺。只有在理解苦难的内涵后，才能使灵魂升华，找到属于自己的精神哲学，成为站在高处、俯视苦难、洞透生活的人！

自以为聪明地选择捷径是一种逃避，捷径其实是最远的路，偷巧是欺骗自己，对于追梦来说，那是致命的伤！

人需要领略一路风景，高山低壑皆是景，更多了解世界，才能找到自己最想要的闪光的金子！

人一生的得失总是成正比，有得就有失，“鱼和熊掌不可兼得”。

谁也不能把所有地方都走完，只要千回百转，到了梦想的彼岸，就能梦想成真！就是最大的满足和幸福！

水流湍急，进行了人工分流，可以想到，从设计，到实施，至成功，要经过何等的操劳，费了多少心血。

但是修好了，雨季洪水就不会再泛滥，可以使农田旱涝保收，保证了一方平安！

快乐与辛苦形影相随，有苦才有乐。快乐是什么？快乐就是心之所向，做自己想做的事，可以放弃一切，觉得值得为此奋斗一生。于是在做的过程中，要面临各种难题，面对各种挑战，经历残酷艰辛，克服各种阻力，逾越各种障碍，仍然初心不改，持之以恒，才会方得始终。

这个过程就是体验、磨砺和拼搏，只有亲身经历，才有最深的记忆和感触，因此苦尽甘来！

无论哪个领域，要想实现愿望，就要在这个领域比别人有更多的努力和付出，还要能承受和担得起失败后所带来的压力、风险、讥讽和嘲笑，当实现愿望时，会收获无尽的喜悦并得到自身境界的提升！

多彩的生活，人们以不同的姿态向前行进。生活如果如演戏般有彩排，就没有了好奇心和新鲜感！也就没有了探索创新和通过坚韧不拔取得成功后的喜悦，以及痛苦失败后的沮丧和悲伤，因为人生就是由抽泣和微笑组成的。

毫无防备突然降临的苦难，会使人变得成熟、坚强、敏锐、豁达、警醒，智力也会得到更好的开发！

经过不断奋斗、拼搏，获得成功，会感到是情理之中、意料之外的收获，受到上苍的眷顾，无比惊喜！

生活的价值在于经历毫无准备下的磨砺和应对；生活的精彩就是享受生活中所有酸甜苦辣咸的滋味，过一个五味俱全、饱览一切风景的人生，才是最好的、精彩的人生！

琳琅满目如此耀眼，感到喜悦吉祥，配上大红底色，久违的黑胶，熟悉的CD，它们依旧朝气蓬勃！

小时候常听长辈感叹："今不如昔，人心不古。"

今天，我们也将变老，竟像长辈一样，觉得"今不如昔"，看来，我们真是老了，时代不停变化，如果永远停留在原地，社会就没有了进步！所以一代人走过，每个人都是随时代过来的，没有回路。

任何人都不要怨恨自己所处的时代，每个时代有每个时代的特点，每个时代与每个时代有所不同，我们都要适应它！更不要自怨自艾，要跟上时代的脚步，向前看，一定会有希望！

当然，要谨慎选择自己的生活，不再让自己迷失在各种诱惑里，无需回头，而是沿着现在自己选择的路，继续向前走！

社会上不同阶层的人，事实上每个人都在挣扎，因为要担负起自己做人的责任！至少要自己能养活自己。

如今，不要找理由为自己解释什么，更不要相信那些诱惑人的谎言，也不要逃避自己的过失，更不必让过去的阴影笼罩自己。知道自己喜欢什么，要做什么，这样活着才有意义。只要向前奔跑，相信一定明天会更好！

最近流行"侘寂"。"侘寂"代表着古老、陈旧、朴素、低调、厚重，也许这是一种轮回，也是今天人们心理和精神上的渴望！如果具备这样的品质，朋友自会有的，一声朋友，不仅心中感到温暖，而且会有"隔座送钩春酒暖，分曹射覆蜡灯红"的感觉！

多一个朋友，多一份温情，多一条路，怎会孤独?

当然，孤独也是成事之人必经过的，凡优秀的人可能对孤独体会更深刻，因为他们需要孤独，内心寂静之美，是人的内心最佳状态！他们总能在孤独中感受一种美，灵感乍现，创造出独一无二。

也许，孤独是优秀的征兆！所以没有末路，你也从不曾孤独。

老树、房舍和晚霞，是这里所有的见证，房屋里居住的人，已随流水一代一代地远去了，只有他们曾在这里的“无形物质”，还留在这里，成为他们生命的痕迹。

生命的价值不在于长短，而在于生命的内容，因此生命只有散发光彩，才有意义！

当滚滚洪水来临时，勇士选择跳入洪水救人，将生命给予别人；当战争来临，战士冲到前线，用鲜血换来长治久安；面对无边无际、渺无人烟的撒哈拉沙漠，地质工作者义不容辞去穿越探索；面对苦难，迎难而上，生命的选择赋予了人的成功和灵魂的永恒！

古今中外，有些人生命虽然短促，但千古流芳！

西汉战神霍去病，让匈奴闻风丧胆，享年只有24岁。

美国计算机天才亚伦·斯沃兹终年26岁。

法国数学家埃瓦里斯特·伽罗瓦去世时年仅21岁。

德国物理学家海因里希·鲁道夫·赫兹终年36岁。

我国音乐家聂耳只活了23岁。

奥地利作曲家舒伯特终年31岁。

奥地利作曲家莫扎特享年35岁。

意大利画家拉斐尔·桑西终年37岁。

荷兰的梵高去世时年仅37岁。

这些伟大的人物，之所以伟大，世代相传，就是因为他们生命的厚重，他们都为社会、为人类做出了重大的贡献！

生命不是等待就可以发光的，而是自觉地走进暴风雨，接受洗礼。

每个人都有不同的能量，要通过实践，自我开发，不是知道了才去做，而是在做的过程中才知道。

年龄不是界限，除非自己把它当阻力，为难自己！要活出自己想要的人生，任何时候努力，自己的能量之花都可以绽放！

人越优秀，越努力，因为优秀的人总能看到比自己更优秀的人；平庸的人总是看到比自己还差的人。只要自己努力做了，会发现自己比原来想象的更优秀。所以越努力，也越优秀！

强者不是没有痛苦，而是可以含着泪、流着血继续朝目标奔跑！不为失败找理由，只为成功找方法。相信自己能作茧自缚，就能破茧成蝶！

生命是脆弱的，也是坚强的；生命是平凡的，也是壮丽的。生命可以创造奇迹，演绎着世代相传、绚丽多彩的故事！

夕阳落山后的天，淡蓝色的远山，深绿色的草地，熠熠的烛光，连接着长长的思念，一边是落寞，一边是欢乐。烛光的名字叫回忆！

整个图片将人带入梦幻！

每个人都有过去，过去只能回忆！能拥有一份纯真的回忆，填满自己一段过往，是一件幸事！

正因为过去才珍惜，珍惜成了永恒的回忆！

童年是快乐的，无忧无虑的，像甜甜的糖果，味在心上！童年趣事多多，满眼都是快乐。看着湍急的河水，站在回忆的桥上，回望当年走过的风风雨雨，才有了一种自信和坚韧；曾跨过一道道沟沟壑壑，才饱览了绝妙风光！

孤寂是闭上双眼，面对未知，回忆曾有的温暖和欢乐。在时间的滚滚洪流中，人与人往往是瞬间擦肩而过，转眼即逝，从此再没有了交集，所以倍感落寞。

回忆是通道，连接着过去、现在和未来，苦也好，甜也好，都是自己的经历，所以要守护好那份独一无二的回忆！

罗曼·罗兰说："世界上最痛苦的事，莫过于在不幸的时候回忆起幸福的日子；对于柔软的心灵来说，最不幸的莫过于体验到一次幸福的滋味！"

人生就是一场寂寞的旅行，谁也不能陪你走到最后，相逢就是离别的伏笔，所有经历的苦和乐，都将随岁月的河水逝去！

不是所有回忆都美好，不是所有人都值得回忆，岁月的河一直在流淌，无论苦乐，最后都会随流水而去！

我们仍在路上，无法停留，不经意间又要与人相遇，一声问候，礼貌寒暄，然后挥挥手，还是要向着自己朝圣的方向继续奔去！

是的，这就是生活，它无时无刻不在流动，且速度越来越快，因此竞争也越来越激烈，每个人都像划船的选手，争分夺秒，想夺得冠军！

坦途是没有的，更没有什么捷径。

荆棘丛生的路上，有勇士留下的血迹，也有弱者流下的眼泪。

既然决定向前人没走过的目标探寻，就不要停止奔跑和努力。

今天是昨天的铺垫，明天是今天的延续，抓住今天，争取做更多的事。

抓住今天，每天都把今天做好，就为今后打下了坚实的基础！

小溪没有大江大河的奔腾，更没有大海的浩瀚，但它从不停息，努力向前，一直流淌，却唱出了自己清脆婉转的歌！

有了目标，至于能否实现，每个人各有不同。强者，阻力越大，越要挑战、抗衡、征服，而弱者总是选择退缩。每天的时日，强者和弱者都是24小时，结果却不一样！

每个人的每一天只有一次，今天过去就不会再来，而今天的努力却可以包含明天所做的内容。

今天代表现在、现实，不可虚度！如果总想今天事情明天做，那就是“明日复明日，明日何其多”，最后则一事无成！

今天不仅完成今天的事情，还可以完成更多的事情，所以一个今天可以胜过两个明天，如果每个今天都做了今天和明天的事情，就等于过了别人两个人生！

心安就是全心全意专注于做自己的事，心无旁骛，不为名所累，不为利所役，不患得患失，不心浮气躁，不热衷权势富贵，不在意身边琐事。生活简化，活得纯净，精力集中于一点，自然心安！

人之所以失败，有诸多因素，主要是不会选择、不坚持选择、不断地选择。原因就是大意、轻信、贪婪。都是在遭受诱惑的瞬间，错误做出决定的结果。

成功不是将来，成功就是从决定去做那一刻开始，做好每一天！

能珍惜每一天，坚持每一天的努力，就是未来的成功！

这是典型的咖啡吧，高高的座椅，吧台上咖啡机，清新明净。

小时候喝到第一口大人递过来的咖啡，以为是中药，咧着嘴，一脸怪相。

再长大，品一口咖啡，感到是有苦有甜的饮料。

咖啡品种繁多，饮咖啡的人心境不同，也就有了不同的感觉。

贝多芬每天午后都要去咖啡吧，独自一人，一杯咖啡，一张报纸，一个午后！他的不平，他的苦，他的情，他的所求，全部浸泡在这既苦又甜的咖啡里。

有的人来到咖啡吧，因为兴高采烈，所以嘴里的咖啡没有苦味，且甜甜地腻在心里。有的人内心藏有千结，用更苦的咖啡冲淡心里的愁。有的人寻找悠闲，在咖啡吧享受着暖阳，慵懒地窝在柔软的沙发里，咖啡在嘴里变成醇香！也有人无聊，无事可做，就来到咖啡吧，找熟人聊得天花乱坠，咖啡味道好极了，得到了满足，也消磨了时光。

苦也好，甜也罢，或先苦后甜，也或先甜后苦，不在于咖啡，只在于你一定要品尝它，真正了解它！

咖啡吧去还是不去，是个人的选择，依据是你的处境和心态！

人生处处有磨难，活着就是修行，努力给自己一个好心情，调整好状态。

简单事情重复做，重复事情用心做，旁人只关注你飞得有多高，并不在意你有多累；自己则要自律，要求自己全心全意，而不在意有多高，要在做的当中感受收获和自我逾越的快乐！

生活中的美好事物太多，只是你是否能学会走走停停，看看山峦起伏翠绿，赏赏明月圆缺，感受清风爽朗，嗅嗅百花浓香，体味春夏秋冬的美丽，让心灵在放松中得到满足！

高雅的紫色勿忘我花，不仅象征着对人的依恋，万物皆有灵，万物皆有情，生活中的人、事、景，无不存在着美好与期盼，所以没必要沮丧，让这一切美好充满身心，不要辜负它们的奉献，永远勿忘它们，也勿忘感恩，勿忘人与人、人与物、人与事的所有情谊！

老人那双温和的眼睛，周围布满皱纹，脸上散发着慈祥的光芒！

那是面对生活不停地笑，留下的痕迹！说明老人在过去艰难生活中，没被压倒，总能乐观豁达面对，充满自信，笑对人生！

风华只是一指流沙，沧桑是一段年华！

皱纹是历尽沧桑，坚韧不拔，与险恶对抗、与风雨搏击的力量！

罗中立在20世纪80年代，创作的《父亲》，震动了整个社会！

父亲的脸上布满皱纹，面对这样一位农民老人，我们无比敬仰，从他棕色的脸上，我们看到了淳朴、诚实、厚重、担当、勤劳、简朴等中华民族传统美德。

如今，生活已经变样了！因此看到这样一个老人的形象，自然无比怀念昨天，同时希望现在的年轻人多看一看像“父亲”这样的老人，能给他们真诚的尊重和爱戴，能传承他们的美德！

什么时段最美丽？万种生物中，成长最美丽。成长没有年龄限制，只要成长，永远美丽！

无论何时，提升自己的能力才是最重要的。当然，不论何种形式的成功，都是手段，我们的最终目的，还是追求对生命过程中存在着幸福的体验！要想获得长期稳定的幸福体验，就必须找到生命中超越自我的存在。

其实方法很简单，可以通过分享自己的智识，来获取他人的认同，从而拥有改变他人思想和行为的力量。

例如，你有一个新观点或新思维，解决了困扰很久的问题，分享给别人后，那些从中获得启发的人，就会在内心对你默默投上一票，同时你也获得了对这个人的影响力！

一个人的成长，就像经济学里的复利一样，一开始都是毫不起眼的，增长极为缓慢，越到后面，进步的速度就越惊人。

学识积累也类似于这种增长，所以我们做事要有长期规划，才能有大的收获回报！只要放眼于足够长的时间，都可以通过长期主义，得到难以想象的收获。坚信生命是长期积累的过程，就像图片上小沙弥，地上一张席子，以莲花为伴，开始苦修，相信只要坚持到底，定能修成正果。

世上没有白费的努力，走的每一步，上苍都为你记了数。

但无论是什么年纪，只要停止成长，立即会成为没有任何价值的垂暮，就如绿叶枯萎，只能任风飘摇，直至腐朽！

正如罗曼·罗兰说的："世界上只有一种真正的英雄主义，那就是在认清生活的真相后依然热爱生活。"

寒风中的牦牛，姿势各异，于是想到一句话："其实我们什么也不知道。"

的确，我们并不了解每天出现在我们面前的事物，但我们又从没有放弃心中的渴求！

这让我想起野兽派代表画家马蒂斯的代表作《舞蹈》，画面构图简练，画了5个手牵手的舞者，他们各有姿态。全画用色只有绿色、蓝色、红色，但画面感人至深！

地球原本应是绿色的，天空应是蓝色的，人应是没有任何负担，手牵手和谐快乐地跳着属于自己的舞蹈，这就是原本！

看到原本的纯净，既是渴求，也是探究！因为我们走得太远了，远得已经什么都不知道了。所以，我们要随时提醒自己"其实我们什么也不知道"！

这里是一片净土，静谧得只能听到自己的呼吸，神圣庄严而肃穆！

远离人群是对眼下生活感到乏味和不满的放弃，也是对新生活环境的尝试，从而获得对生活的认知。

其实，孤独是每个有个性、有追求的人的必修课！只有享受孤独，才能静心思考，产生对生活独特的认识，并用自己独有的方式，表达这种认知！

孤独可以使人淡定从容，孤独可以让人沉静，孤独是灵感的来源，孤独可以使人永不放弃，孤独可以披荆斩棘，走出一条属于自己的道路！

毕竟走出去可以使自己视线更开阔，填充自己知识的空缺，但绝不是对自己的轻易放弃！

孤独有不同的表现形式，例如哲学家康德，一生从没有离开过故土，更准确地说，是没离开过他居住的小屋。

康德是伟大的哲学家，虽然他没有离开过故土，但他的哲学思想影响了全世界！

在一些特殊年代，扭曲的时期，往往有人群的孤独比没人群的孤独更可怕，因此孤独也是一种逃离！孤独有不同的表现形式，但它毕竟是每一个有个性、有追求者的必修课！

在生活的经纬中，真实与想象恰似交织共生的双生花：真实作为想象的土壤，以具象的现实图景构筑思维的基石，为天马行空的构想提供可触摸的参照；而想象则是照进现实的棱镜，通过对具象的解构与重构，赋予真实以诗意的升华与哲学的超越。二者在彼此碰撞中持续激荡，真实约束着想象的边界，使其免于沦为虚妄；想象则为真实注入创新的活力，推动现实不断突破既有框架，在螺旋上升的辩证运动中，共同勾勒出人类认知与实践的无限可能。

第六章　信念力与真实感是自我塑造的重要前提

理论概要

信念力是人的一种潜意识，是精神层面的一种自我暗示，是生命本体蕴含的一种元素和能量，也是自我塑造的重要前提。

我们每个人的生命中都包含两种属性，一种是精神的，一种是肉体的，我们的肉体状态取决于精神状态。是紧张，还是松弛；是自信，还是胆怯；是充满活力，还是萎靡不振，都取决于控制自己精神的能力。

我们要善于对自己说："我可以做到！""我一定会做到！"。这样才可以激发内在的潜能。另外，我们每个人都像一块磁铁，不停地吸纳与自己相同属性的东西，也就是吸纳与你精神状态相同的意识。你自信，吸纳的就是自信。你不自信，吸纳的就是惧怕和失败。你不真诚，吸纳的就是虚伪！我们常说"物以类聚，人以群分"，能成为相知和朋友，总有对生活、对人、对事物共同的反应和认知，所以，只有坚信自己，才能吸取积极的元素，并产生一种对消极因素的抗体！永远吸纳积极的和自己所需要的，就可以一步步走向目的地，实现自己的愿望。

过去怎样并不重要，重要的是现在要做什么，也就是说你必须明确要做一个什么样的人，并且相信自己能成为这样的人。为此，一定要锁定目标，强化信念，持之以恒，会有非常好的结果。

我们每时每刻都漂浮在意识的海洋中，经常受到各种干扰和影响，信念力能使你坚守方向，排除干扰，在生活中不迷失自己，不迷失方向。如果你认为自己行，最终你一定行！如果你认为自己不行，最后绝对不行！一个人的精神和气质从哪里来？就从经常自我暗示的具体行动中来！自我暗示是塑造自己品格和气质的重要手段。你经常暗示自己要挺住，你会逐渐变得坚强。你经常暗示自己要宽容，你会变得仁厚。你经常暗示自己要小心，你会变得谨慎。

我们要懂得自我暗示的力量。“我大概能做到”“我知道以后能做到”“我现在努力，肯定做得到”是有差别的，差别就在于表现出来的品质是坚毅勇敢还是犹豫软弱。就在于给自己的暗示和具体要求的不停塑造。所以要有超越常人的自信，要有不回头的执着，要有全身心投入，要有争取成功的气概，才能升华出坚韧冷静的气质和精神！

训练要求

（1）请用文字表达对大自然中什么最感兴趣。

（2）请讲述一件原本感觉完成不了，结果却完成得很漂亮的事情，并分析其主要原因是什么。

训练目的

（1）相信自己，正确认识自己，弥补不足，发扬优势。

（2）挑战自己，超越自己，提升自己！

图文例稿

拥有青春的时候，往往不懂得它的价值，不懂得珍惜，没有目标，无所适从。只有当青春悄悄溜走，确认已失去它的时候，你才知道它的价值，它有多么珍贵！

醒悟就是开始，任何时候开始都不晚。珍惜青春，可以用补偿的心态来度过每一天，也许至你老去，无怨无悔，仍会青春常在！

俗话说："天地大舞台，舞台小天地。"我想这句话就基本概括了戏剧和戏剧性。

人类的进步，都是由文明、进步与野蛮、愚昧，真善美与假恶丑的搏击构成的。无论在哪个时代，每个人都出于个人的原因，有其不同的舞台站位。

真善美和假恶丑也像是一条白线、一条黑线，有时对立，有时缠绕，难于分辨，因此有其多变性、复杂性、深刻性。尤其在转折期和大动荡时代，往往使人迷惑！

于是，有人想指点江山做王中王；有人想快速逃离；有人逆水行舟，知难而上；有人隔岸观景；有人跳水浮游……演绎了一出出惊心动魄的大戏！

作为个人，我们不能推倒阻挡在科学进步与文明发展面前的厚墙，但我们一定清醒，决不为这堵墙加一块砖、一片瓦、一把灰、一粒沙！

相信，只要人们的灵与肉没有分离，知与行没有错位，一定会紧跟文明进步的大潮，在天地大舞台上，找好自己的位置，演出惊天地泣鬼神的一出出好戏！

画面色彩基本是暖色调，这里似乎不需要什么人物的陪衬，只留下微笑的花朵，就恰到好处地表达了应有的热度！

有人说世界上最短的距离就是微笑，这让我想起唐代女诗人李治的诗。

至近至远东西，至深至浅清溪。

至高至明日月，至亲至疏夫妻。

是的，世界上最短的距离是微笑，而夫妻间的对视微笑，也是最美好、最亲密的，是世界上最短的距离！

愿世界上有情人终成眷属！

愿路人擦肩而过时，相互微笑送温暖，不再争斗，拉近人与人之间的距离！

淡蓝色使人安静，但在这安静的海港中，不知有多少不安定的心，像鸟儿一样找不到归宿。

我们常说孩子是天使！是的，他们就是一个个小天使，总会给我们带来快乐。哪怕我们处在最糟糕的心境下，只要看到他们那双明亮无邪、纯洁无瑕的眼睛，我们就会忘掉所有不悦，那眼神带来清香柔和的软风，抚慰着你的心，你自然会静下来，跟随着这眼神，看到那遥远的、无垠的蓝色天空！

眼睛是心灵的窗户，有什么样的内心，就有什么样的眼神！

人心浮躁，动荡不安，不知哪里是自己的天空，该向哪里飞。是否可以让自己像孩子一样，先安顿下自己的心，自然会用自己的眼睛，找到属于自己的天空！

这里孕育了歌剧《白毛女》，也见证了中国红色戏剧最蓬勃的时期。

用世界上所有的语言都无法表达母亲的伟大和母亲对我们的爱，也无法用世界上所有的语言表达我们永远无法实现的愿望——如果能回到当年，我们一定努力做到，对待她像她对我一样。

如果有一百个孩子呼唤自己的母亲，每一个母亲都能辨别出哪一声呼唤是自己的孩子的；如果有一百个母亲呼唤孩子，每一个孩子也能辨别出哪一声呼唤是自己的母亲最美丽的声音。

祝世界上所有母亲节日快乐！

无论驻足还是行走，是牵着狗还是自己走，或是与朋友们一起走，生活如常；无论你站着、坐着、仰着、趴着，地球照旧转动。每天都是太阳升起，落下，接着“半个月亮爬上来”。

人在地球上的时日，应如何度过？怎样你才如意、舒服、快乐？要知道十全十美是没有的，残缺是生活的本质。所以“人生哪能多如意，万事只求半称心”。

有汽车的不要耻笑无车走路的，走路的不要耻笑驻足的，处境不好的不要悲观，只要坚持努力，好景就会来到！

三十年河东，三十年河西，生活中有太多的变故！

这里绿叶成荫，憨态可掬的熊猫，悠然自得。就在这生机勃勃的环境里，一棵倒下的巨大枯树，很吸引人的眼球！折断的树枝，干枯的躯体，剥落的树皮，与周围的草木极不协调！但就是这不协调，须臾间使人领悟到，枯树带给我们一种潜在的意识，要我们主动来破解它的密码。因此枯萎就是它生命的一部分！

枯树是灾难的见证，也是灾难的受害者；枯树是触碰过去和今天人们心中脆弱的一根弦，让人们想到沧海桑田、流离伤亡；枯树也是集体情绪的记忆，不仅是灾难，更有与死神厮杀的悲壮！

枯树使时间不再断裂，历史不再断层，使人记住苦难、创造幸福、珍惜快乐，是生活从毁灭到新生、从无到有的记忆桥梁！

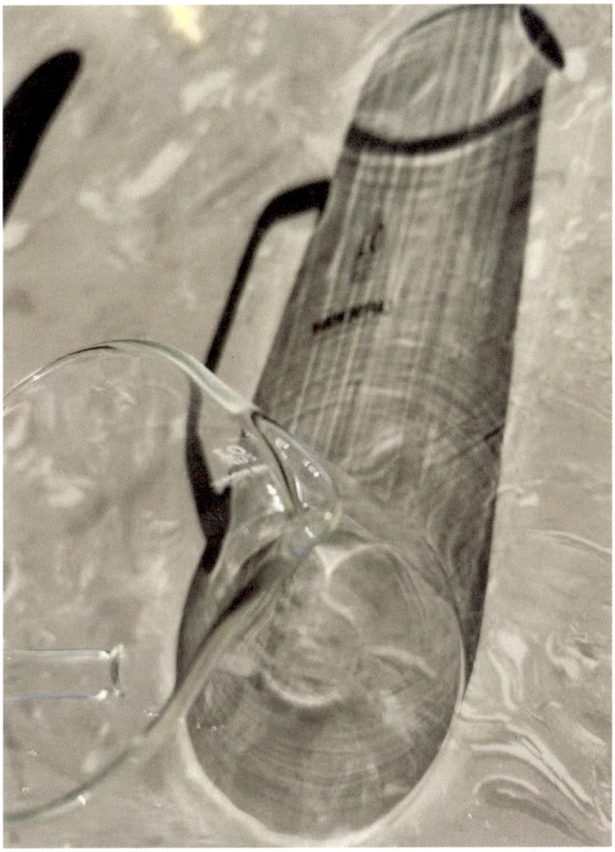

“人有悲欢离合，月有阴晴圆缺，此事古难全。”任何客观存在都有它存在的缘由，都有它存在的意义。

只追究别人的责任是愚蠢的，解决问题才是当务之急！

客观存在改变不了，就改变自己。

高大的建筑，让路灯显不出自己的威严，不管怎么看，高度依旧。

永远提着自己的心灯，走着自己认定的路，对别人的欣赏与不欣赏不过分在意，才能获得自己真正的自在!

不惊! 不怖! 不畏! 这是一种觉醒和境界!

“落花流水红，闲愁万种，无语怨东风。”是多余的无效思维!

画面的中心，是一群蜜蜂的背影，虽然各自寻找，但色彩鲜亮引人注目。相反，周围的建筑物，突兀林立，我想这可能就是大地和生命原本的状态！

为了探究，每个人都通过自己开凿的渠道去认知，因此产生的观念大相径庭，甚至冲突、碰撞、厮杀，在这一片杂乱的碰撞中，当然每个人都有权力坚持己见！即使谬误，肯定有其谬误的依据和缘由。

冷静下来想一想，过去认为是正确的，不就是在碰撞中得出颠覆性的结论和创新吗？不要认为自己一定是对的，别人一定是错的，即便是错的，也要理解，对他人的付出要有一种尊重！

要懂得“法无定法，非法法也”的道理。

这件木雕的色彩非常单调，这单调的用色，更显得四周空旷。的确，在这偌大的空间中，除了草地和树木，它自然成为视觉的中心！

画中一个人全神贯注地注视着木雕，她已全身心投入，顾不上自己的姿态。这样简练的用色和构图，表现的是什么呢？

梵高说：“我梦想着绘画，然后我描绘我的梦想。”

这幅画恰恰表达了梵高所说的状态！此时创作者充满激情，他什么也没看见，什么也不在意，什么也没听见，他脑中只有自己描摹的形象，他眼中只有自己笔下的结果，周围的一切都不复存在了，他完全投入为艺术燃烧之中，达到物我两忘的境地！

每一个追梦人，都会感同身受，只有忠诚于自己，忠诚于事业，才能达到这样的境地，最后实现梦想！

水天一色，茫茫无际。这让我想到在默默苍穹和广漠大地之间，生命诞生了！

仰望星空，地球是宇宙的礼物！山川河流，花草树木，是大自然给人类的礼物！而人类对文明文化的奉献是给子孙后代最宝贵的礼物！

有了哲学，人类开始对世界和人生产生思考。从哲学中派生出的科学，让人类对宇宙和大自然有了认知和探索。

有了艺术，人类的精神生活得到满足。有了历史，人类逐渐懂得了朝代的兴衰更替。有了数学，人类逐渐学会运用逻辑思维进行推理。

人类的历史就是一代代人生命的水滴，是一代代人凝结的汗水、泪水和心血！

时间如流水，而流水上承载的，是一个个为人类进步做出伟大贡献的伟人们，他们永远留存在世界人民心中！

苏东坡在《赤壁怀古》中写到“大江东去，浪淘尽，千古风流人物”，但淘不尽的是他们所创造的辉煌！

“心，我的心，不要悲哀，你要忍受命运的安排，严冬劫掠去的一切，新春会给你还来。”这是海涅流芳百世、脍炙人口的名诗中的一句。

正如画面告诉我们的，这里的郁郁葱葱、生机勃勃，都是冬天的枯萎和凋零换来的！

没有失就没有得，只有在得与失的交替中，才能不断新陈代谢、推陈出新！

老子说：“人法地，地法天，天法道，道法自然。”世上最高的法则是自然法则。

在生活中，我们总是为失去而苦恼，为得到而欣喜。

人生不是比赛，真正的成功不是得到多少，而是自己能接纳各种境遇，拥有平和的心态！做到失而不怨，得而不狂，逆境不悲，顺境不喜，不争不弃，枯荣由它！

人生本来就是风尘中的酸甜苦辣，只是内心把它变成世态炎凉、酸甜苦辣的感受罢了。

随缘是透视人生后的顿悟，不是游戏人生，更不是得过且过，是有缘既往，无缘则去，一任清风送白云！

恰似南怀瑾先生诗中所言：“秋风落叶乱为堆，扫尽还来千百回。一笑罢休闲坐处，任他着地自成灰。”

人生得失际遇不是个人力量能左右的，但得失自有平衡，所以只要做到万花丛中过，片叶不沾身，便能培养博大而淡泊的胸怀，即使没有圆满如月的生活，也依然轻松快乐！

看到西湖，立刻想到青春的美好和爱情的蓦然到来，桥断水不断，就是见证。

爱情有不同的路程和结局。绍兴沈园有一尊奇石，镌刻着元好问的诗句："问世间情为何物，直教人生死相许。"沈园记录了陆游和唐婉爱情的悲剧。而卓文君与司马相如的爱情故事代代相传，文君酒至今在成都琴台路飘香。也让人想起崔护的诗："去年今日此门中，人面桃花相映红。人面不知何处去，桃花依旧笑春风。"以上种种，说明了爱情旅途中的不同经历和情感色彩。

欧洲文艺复兴早期，著名画家桑德罗·波提切利有一幅名画《春》，画中展示了春天来临，万物复苏，众神爱情的萌动！画中有一个人物，决定了爱情的命运，他就是在画面上方的天使丘比特！他手持金箭，蓄势待发，将射出这爱情之箭！据说，被射中的人，就会获得如痴如醉的爱情！但遗憾的是，他射出金箭时，双眼是蒙着的！看来连神对爱情都是盲目的，何况人呢？当然，这是有些牵强的笑谈，但我们总希望"有情人终成眷属"！

门上斑斑驳驳，因为每个人都必须从这里走过——它就是生命之门！

父母希望孩子按照自己的愿望，一路顺风成龙成凤；教师希望学生努力增长学识，成为社会栋梁；懵懂的孩子也希望每走一步，都有可以借助的力量。

门内无比空旷，地面有明有暗，屋顶高不可测，有楼梯、桌、凳，偌大的屏幕和灯光，无疑走进去便是人生大舞台！

在舞台上，有的人靠耳提面命，重复着前人的路，演着与前人一样的戏，从不敢特立独行。而有的人宁肯忍受指责，承受压力，也要挣脱桎梏，自我解放，拿出自己的主意，用不同的手法，表达自己的愿望。当然，无论怎样演都可能成功或失败，成功也好失败也罢，它们都是人生的经历，是重要的经验积累。

总之，重复是简单的模仿，容易平庸；创新是勇敢和智慧，开辟新天地！

丰子恺说："人生短，艺术长。"

那是因为世界上永远不变的就是永远在变！所以有了风尘中的沧海桑田，人们命运的多舛，太多的无常！

因此佛法倡导修心，强调因果关系，要防非止恶，静虑澄心，睿智断愚。总之，要增长智慧，完善人格，能少烦恼，多自在和快乐！

世上最高的法则，是自然法则。因此遵守自然法则，顺其自然，若是一切随它去，便是自在人！由此得到快乐！

白居易诗云："无论海角与天涯，大抵心安即是家。"说的是世事无常，随遇而安，平安即心安！

我们常说，居其所近，就是要常与高人交往，与雅人相会，与亲人相处。达视其所举，就是当有权势时，一定推荐德业并重的人，尤其要德配其位。富视其所出，当富有时，要把钱用在合理之处，要自勤俭，外行善！贫视其所为，就是在贫困境地，也不能有不耻之为。

人与动物之不同就在于人有思想，有判断，有反省，能不停提升。从点点滴滴做起，面对多变的现实，能处乱不惊，用智慧凝结出准确的判断，做出正确的选择，以决定自己的命运！

山民说：艳丽的蘑菇往往有毒，苦涩的野菜常常有益，智慧不仅要观察，更在于分辨！哲人说：人生的辉煌不在于宣泄，而在于凝结！人的档次，不在于外部包装，而在于内部品质。作家说：人的空虚不在于孤独，而在于精神空虚，心的寂寞！摄影师说：人生苦乐不在于处境，而在于看境遇的角度！画家说：有魅力的作品不在于斑斓，而在于"留白"！高僧说：人生寻找，不在千山万水，只在咫尺之间。

一生很长，一生也很短，我们只要做到不断学习，认知自己，正视自己，修正自己，对客观一切有正确判断和抉择，无论处于什么境地，都能坦然接受，并做到于己无愧，于人无损，于公有益，任水车的轮子怎样转，我们都可拥有快乐和心安！

如果把人类所有发明，排出前十位，数字0就是我心中的第一位。如果没有0，现代数学、物理学等都难于存在！0不讲究繁文缛节，倡导唯心，因为很多创新，都来自内心直觉的呼唤！

最早当人们看到了水中的鸭子，于是发明了船；看到了飞鸟，有了飞机；看到鳄鱼，有了水陆两用坦克。幻想作品中的千里眼，成了天文学的望远镜，顺风耳就是现代的雷达、监听器！风雨雷电都成为今天的能源，美丽的月亮、星星，使人有了探索宇宙的愿望，于是人类登上了月球火星，而这一切，都是由幻想开始的！所以幻想就是灵魂的眼睛！

居里夫人说：“使生活变成幻想，再把幻想化为现实。”

幻想必定不是现实，若把幻想化为现实，有时需要毕生的精力，并且要不停探索自己内心的纠结和残缺，因不停地探索和调整，所以看待事物的维度就不同了，自由度就更大了，就会找到更多解读问题的思路，困难自然得到解决！

一片山的世界，似梦幻，又似童话。丹麦是童话之乡，安徒生的童话“海的女儿”“卖火柴的小女孩”“皇帝的新装”“冰雪皇后”“拇指姑娘”等，随着一代代人的长大变老，他们从小痴迷的遐想，深深埋在了心底。

有一个真实童话，曾引起社会各界的关注和科学界的研究。

在丹麦的一个乡村，一对相爱的青年相约在丰收的秋季举行婚礼。为了让姑娘过上好生活，小伙子要出海做生意。在送别的那一刻，小伙子对姑娘说：“等我回来的那一刻，我希望你还是站在这窗口，穿这件漂亮的衣裳，头上有这样的花环，拥在我的怀抱里。”姑娘含笑点头！

小伙子出海了，姑娘回忆着他们一起采蘑菇，在草地上晒太阳，在麦田追逐，在河边蹚水嬉戏，在窗口瞭望，在晚上数星星看月亮的最美好快乐的时光，心里充满幸福。每天睡前，她想：“有他，我每一天都很快乐！”早上起床，她想：“等他回来，我就是最幸福的人！”就这样，她每天都要到阳台上观望。

时间荏苒，她就在这快乐的回忆和充满幸福的等待中，度过了整整20年的时光！

在阳台上，她又穿上了那件衣裳，头上仍戴着当年同样的花环，她看见一个高大魁梧的汉子招手，向她走来，啊！是他！

20年过去了，姑娘的相貌丝毫没变，还是那样年轻美丽，还是那样纯真，还是那样的神韵，还是那样温柔稚嫩，光阴没有磨损她任何的光华！

内心清净，快乐，是保持青春的秘方。

愿每一个早上都是你人生最年轻的一天！

愿每一个夜晚都做最美的梦！不会老去，永葆青春！

两山之间朦朦胧胧，女孩的姿态和淡蓝色衣服，给人一种童话般梦幻的感觉！相信她能一切梦想成真！

有人曾做过一个无记名填表调查，每个人必须诚实填写。题目是：当你遇到麻烦时，责任首先归结于客观，还是自己？结果95%的人回答的都是客观！

可见托尔斯泰对人类有多么精准的洞察力，所以说出了："每个人都想改变世界，却没有人想改变自己。"

这里是侨民在故乡留下的古迹，曾经手写书信是一种日常，似乎在今天已成为奢望。

在伦敦威斯敏斯特大教堂地下室的墓碑林中，有一块很普通很粗糙的花岗石墓碑，碑上没有姓名，没有生卒年月，甚至连墓主介绍都没有。却名扬世界！凡到过威斯敏斯特大教堂的人，都要来拜祭这块墓碑，而且被深深震撼！

墓碑上镌刻着这样一段话："当我年轻的时候，我的想象力从没有受到过限制，我梦想改造这个世界。当我成熟以后，我发现我不能改变这个世界。我将目光缩短了一些，决定只改变我的国家。当我进入暮年后，我发现我不能改变我的国家，我的最后愿望，仅仅是改变一下我的家庭，但是这也不可能。当我躺在床上，行将就木时，我突然意识到，如果我一开始，我仅仅去改变我自己，然后作为一个榜样，我可能改变我的家庭，在家人的帮助和鼓励下，我可能为国家做一些事情。然后谁知道呢？我甚至可以改变这个世界。"

年轻的曼德拉看到这篇碑文时，如醍醐灌顶，原本想以暴制暴填平种族歧视的他，一改自己的处世风格，他从改变自己做起，改变了自己的家庭，又改变了亲朋好友，经历了几十年的努力奋斗，终于改变了他的国家！

墓碑碑文启迪我们：必须永远怀着一颗自省谦卑之心，修正自己，以自己所作所为，感召众人，创造条件，才能改变想改变的一切！

光影之间，一片繁华，这里是上海安福路。上海是什么地方？有人回答上海是灯红酒绿，十里洋场；也有人说上海是忙忙碌碌、来去匆匆的快节奏城市！

其实上海原本是一个滩！那时就是冒险家的乐园！于是，有的人经过拼搏，成了扬名中外的大亨，而有些人被恶浪吞噬，沉入江底，成为一粒沙，永远埋没在淤泥之中。至今仍有不少人来到上海，为实现自身价值，大展拳脚！在激烈的搏击场外，有一个与激烈、争斗、艰辛、绞杀完全不同的地方——那就是原石库门改造的“新天地”！

在“新天地”别有风情，人们步态缓慢闲适。来这里的人，有土生土长的上海人，他们是来欣赏旧貌变新颜的变化；有外来客手拿相机，拍摄原石库门的历史遗迹；有剪着整齐刘海儿、身穿旗袍的少妇，端坐在现代茶楼品茶，等待夫君到来；有劳累一天的白领在高档餐厅享受着美味。总之，坐在这里，向四处望去，形形色色，目不暇接！

这里与繁华嘈杂完全不同，别有洞天，你能感受到上海式的慵懒和享受，并回味着上海的前世，品尝着上海的今生。

新天地给上海增加了闲适，减少了劳累和匆忙，看到的是搏击后，胜利者的舒展和享受，以及拥有者的轻松和休闲！

第七章　理性深化与文字表达

理论概要

我们接触生活中的事物，首先是看到它的外部形象，理性深化就是要求我们从表面的形象捕捉深入下去，产生深层次思维，并凝练出一种观念和理论。既有对该事物本质性、深刻性、稳定性的确定，又有对实践的指导意义。

随着科技的发展，我们的生活方式、生活内容有了很大的改变，会产生很多新的观念、新的理论，因此我们必须有对新见解的敏感度，站在生活的一定高度，通过自己的思考，得出准确的、有深度的、有见地的理性认识，并指导实践。

训练要求

（1）正确理解党的路线、方针、政策，以正确客观公正的态度衡量事物，进行传播。尤其要有对新政策的敏感度，以更好地抓住时机，使自己的理性思考具有前瞻性。

（2）要有群众观念，了解群众的需求，选择与群众的最佳交流点进行交流，让群众易于接受，乐于接受。

（3）要传播前沿的信息，促进大众认知的进步，要能在司空见惯的事物中发现不平常之处。

（4）要将多种知识融会贯通，建立自己独有的知识体系，能使自己的理性升华，具有高度概括性、独特性。

（5）法律是人们行为的最高准绳，要用法律进行界定。一篇小文章关键在于评述。面对所要评述的事物要真正做到我思、我想、我问、我答。一篇文章如果能引人入胜，说明有精彩之处；如果能感人肺腑，说明有生动之处；如果能发人深思，说明有严密的逻辑性和深刻的理性思考。而深刻的理性思考，恰恰是一篇文章的分量所在！

训练目的

（1）可以请一位同学讲一个故事，其他同学用一句话做较为理性思考的概括。

（2）由教师讲一位画家或音乐家的生平及作品，由每位学生做理性概括。

（3）加强对作品的理解。

（4）使自己的作品更有深度和分量。

图文例稿

在盛夏的荷塘，一朵荷花躺在翠绿的荷叶上，静静地开放！种荷人此刻露出笑容！

“不会在所有日子里盛开，那份期待才尤为珍贵。”

美国《人物》杂志是世界级刊物，封面登载的均是世界精英、各国政要，但在2008年，《人物》杂志的封面上登载了一只狗！

这条狗出生在平安夜，但它并不平安，因为它生下来就只有两条腿，狗妈妈瞄了它一眼，拒绝给它哺乳。狗主人也想抛弃它，但当主人与它对视时，可怜的小狗流露出乞求的眼神，主人只好把它留了下来！

为了使它能行动，主人把它放在滑板上，让它找到移动的感觉。它最喜欢吃花生酱，主人就把这些东西放在勺子上，引诱它站立。3个月过去了，这种引诱毫无结果，但主人没有放弃对它的期待，仍然坚持训练。终于有一天，它竟跳了起来，吃到了花生酱！主人给了它很多奖励，并加大训练难度，使它学会了跳跃、行走！

6个月过去了，严格痛苦的训练有了结果——它可以用两条腿直立到处跑了。

主人为它编织了红色的裙衣，带着它外出散步。

它最喜欢到公园追鸭子、追鹅，和孩子们玩赛跑游戏。

信念走到哪里，都会让人感动。

主人带它到医院，它给病人带去战胜病魔的勇气！

主人带它去养老院，它给老人带去欢笑！

主人带它到少管所，它感动了顽劣的孩子，他们要站起来，好好做人！

主人带它到士兵伤残院，它成了伤残士兵的心理医生，接受士兵们的一个个拥抱！

狗狗做到的，人类不一定能做到。它给人类上了很好的一课——有信念就能坚持，坚持就是胜利！必须自立自强，直立起来，可以看得更远，看到更好的风光！

照片上的色彩有两种，图案和布局单调且明净有序。倒扣在杯子中的饰品，感觉完全融化于环境之中。

20世纪诺贝尔文学奖获得者加缪曾说："我的灵魂与我之间的距离如此遥远，而我的存在却如此真实。"加缪还说"我为什么这样生活？我为什么不能以其他方式生活？"偏偏人就不能以其他方式生活，必须以现在的方式生活，从而产生了一种荒诞感！

人既有原本的自我，又有谨慎思考要追求理想的自我。

人仅靠知识和技能，并不能获得快乐和尊严。只有有了对崇高价值的追求，才能产生积极的生活状态！

最深的黑暗是人们对黑暗的适应，对光明的冷淡与淡忘。要能在黑暗中发现微弱的光、美、温暖、恻隐之心、诚实和爱，感受心灵的冷暖，用自己的方式感知世界。

要分清我们头顶上是乌云，是惊雷，还是撕开乌云的闪电。有时光线越强，阴影越浓。有人为此欣喜若狂，有人感受的是寒凉和灰暗。

选择离开是医治烦躁乏味的一种方式，走入大自然，呼吸最新鲜的空气，吐出所有的苦闷，从花草树木郁郁葱葱中吸纳活力；走入社会，发现社会最隐秘的变化和进程，挑选收藏人类活动中最好的东西，使之扩大增值，就能找到自己想要的位置，就不会再觉得荒诞和乏味！

来到世界就要领略社会的潋滟美好，以自己的好成全周围的更好，人的本质可以无穷绽放，人的尊严也可在向真善美奔跑中充分展示！

不仅行之，也要越而行之，更要勉励而行之！

垂柳成行，清波荡漾，苍穹蔚蓝，笼罩大地。大自然如此多娇，生活这样美好！

正因为不辜负这美好的一切，要自己走出别人没走过的一条路，为子孙后代创造更多的美好！

每个人出身、个性、追求、格局境界不同，内心真正的需求不同，思考的视角不同，承受力不同，有些事情，只能一个人去做，无论成败荣辱，总能在做的过程中，实现自己的愿望，进一步认识世界，感受世态炎凉，从中也看到自身的弱点，调整自己，使自己更有力量！

有些关只能一个人过，关隘严密而狭窄，人多拥挤，难于过关。况且每个人情况不同，就有不同的过法。瘦的，可以直身通过；丰满的，可以半侧而过；臃肿的，只有完全侧身挤过！

条件不同，姿态不同，苦乐自知。

路要一个人走，有时需要披荆斩棘，可能遍体鳞伤！有时在三岔路口，会迷失方向。有时要接受暴风骤雨的洗礼，还可能受到强盗劫持、野兽袭击，林林总总，太多无常！

无需将就，无需照应，自己承担一切。成败总有收获，且在荆棘丛中为后人留下自己的脚印，培植了自信和侠骨正气般的胆量，这就是成长！

画面最引人注目的是右侧的雕塑。在蔚蓝的天空中，一匹驮着战神的战马，高高奋蹄，战神高举权杖，他们与白云同在，山峦被踩在脚下，有着横扫千军、视死如归的气势！

看到这个雕塑，我想到中华民族历史上曾有过的战神。

战国时期的白起，可谓名扬千古的战神，他一生打过70多次战役，多是以少胜多，从未失败过。有名的伊阙之战，用的是“各个击破”战术；鄢郢之战用的是“掏心”战术；长平之战用的是“佯败诱敌”战术；华阳之战是利用魏、赵麻痹心理“攻其不备，出其不意”的战术。

另外，三国时期的韩信也是不可多得之军事人才！“韩信用兵，多多益善”成为家喻户晓的典故。韩信人生第一战“暗度陈仓”即扬名天下。井陉之战，以少胜多平定北方，可见有三分天下之实力。垓下之战，十面埋伏威震天下！

人处在什么时代、什么岁月都无法由自己决定！唯一能决定的是要做什么样的人，要做成什么事，只要你能坚韧不拔地付诸行动，目标一定能实现！

每一次胜利都是一次零的回归，每一次战争开始都是一次重新出发！形势不停地变化，如果仅仅是重复，等待你的肯定是失败！

从零的回归，到新的出发，贯穿其中的就是坚韧不拔的探索和为之付出的行动！

画面的主体是天蓝色，蓝色是代表崇高和永恒的颜色。

每个人来到人间，都要经过童年、青年、老年直到死亡，这是必经的生命过程，也是不可更改的规律！关键是看你在每一个时期，是否达到了这个时期应有的标准！

如果在儿童时期，你拥有了无忧无虑的快乐童年，你不会为自己长大而失去童年感到懊悔！同样，你在年轻时，尽其所能，努力绽放了应有的青春光华，怀着对自己生命的自信，又何尝怕老去？同样在老去时，你用大半生得到的淡定从容和风雨不动安如山的厚重，还可以为老年的自己开启内心世界更隐蔽的大门，依然充实，照旧实现老年的价值。

让永恒的蓝色成为自己生命的中轴，直至人生的最后！

五彩斑斓，繁花似锦，想必走在这样的路上，会有阵阵香气扑鼻，内心自然清爽。

我听过这样两句话，一句是“心晴的时候，雨也是晴；心雨的时候，晴也是雨”，另一句是“你不能改变风景，但你可以改变心情”。

生活中的风景千万种，春有绿柳点水，夏有蝉鸣蛙叫，秋有松青枫红，冬有梅香雪白。人的心情也各有不同，感时涕，乐时欢，哀时郁，悲时泣，就像一个精致的万花筒，花样万千，变化无穷。

生活中的情感与风景总是相映相生的，我们不能像圣人那样参透世事，达到无境、无相、无色、无我的境界。但是，如果这扇窗外的景象让你难过，我们可以转动自己手中的万花筒，打开另一扇窗，为自己寻找愉悦的景色。

绚丽的不是人生，是自己的心情。把握好自己的心情，绚丽一生！

是的，岁月极美，在于它必然的流逝，就像划破天宇的流星，燃烧了自己，留下了刹那最美的光芒！

春天是美丽的，春天是绿色的。它的美就在于嫩嫩的绿色中，蕴含着勃勃生机，呼唤着百花盛开，正如古诗中所言：“胜日寻芳泗水滨，无边光景一时新。等闲识得东风面，万紫千红总是春。”

夏季是繁华的，充满激情。俗话说“上有天堂，下有苏杭”。苏杭之美，西湖为最，而西湖的荷花，正是夏季的象征。因此，诗人为其赋诗：毕竟西湖六月中，风光不与四时同。接天莲叶无穷碧，映日荷花别样红。

秋季，有人说是凄凉的季节，秋风秋雨愁煞人，但秋天也是收获的季节，所以它应是流动的，是黄色的。王维也被这秋天所感动，写下：空山新雨后，天气晚来秋。明月松间照，清泉石上流。竹喧归浣女，莲动下渔舟。随意春芳歇，王孙自可留。

冬季是最寒冷的季节，让人们想到皑皑白雪，所以它是白色的。冬季也是储存积累及辞旧迎新的季节，渴望来年的风调雨顺！诗人陆游体恤民情写出了：北风吹雪四更初，嘉瑞天教及岁除。半盏屠苏犹未举，灯前小草写桃符。

正因为四季更替，循环往复，不可久驻，必然过往，更显其岁月之极美！

居住在房舍的人们及边缘茂密的植物都离不开水的滋养。水是生命之源，正因为这碧波一泓，给这里平添了不少的温蕴和灵动！

每个国家都有自己的“母亲河”，可见人与水的情感！

水无色无形，无论是高山、峡谷、平川、丘陵，水都能川流而过，默默滋养着万物！正是水有这样的特性，又与生命息息相关，所以有了很多以湖海江河甚至潺潺小溪为题材的艺术作品赞美水，歌颂水。

飞流直下三千尺，疑是银河落九天。

落霞与孤鹜齐飞，秋水共长天一色。

日出江花红胜火，春来江水绿如蓝。

天门中断楚江开，碧水东流至此回。

林林总总，都是借水来表达自己的各种情感，可见人们与水之亲密，从而把水人性化、人格化，以赋予水更深的含义。

“上善若水”，是说人的品性如水，就达到了最高境界。善利万物而不争，处众之下。能包容天下，而且要像水安于深沉。语言如水，自然一视同仁，纯净信诚。

如此做到，就可纳百川，自成深不可测、无边之海洋！

心性至善至美之人，在纷扰乱世之中，总能找到内心的归隐，在流言蜚语中，能心静如水，并能与仁者高山为邻，超然物外，淡泊宁静，虚怀若谷，顺天应人。

所以，人一定得懂得上善若水的道理，做到默默如水地奉献！

看花开花落，品云卷云舒，这是一种美感的享受！但在实际生活中，我们总是期待和希望每一天，天空还是本来的模样！

世间之事，瞬息万变，不可能像画面前的钟楼和远处鳞次栉比的楼房，阴晴圆缺都是正常的！也许你会觉得生活就应该这样，简单又平淡。可是当乌云积聚，雷声隆隆，狂风大作，暴雨倾盆，犀利的一道闪电划破天际时，你茫然了，但就在你不知所措的时候，闪电却又早已过去，满天彩虹，阳光更加灿烂！

生活如天空，不要期待总是本来的模样，需要学会勇敢地面对和适应，磨砺和恐惧过后你已成长，即使一切如初，但你已经不是以前的自己！

一枝耀眼高贵的紫色花朵，绽放在眼前，它被绿色的叶片烘托，俨然有一种王者风范！猜想它一定会竭尽全力开放，香气四溢，清气满园。开到极致，接着便枯枝败叶，香消玉殒，不成形状。

这让我想到一种飞鸟，它能发出世界上最美、最悦耳、最动人的声音——荆棘鸟。

它一旦离巢，就会去寻找属于自己的一棵荆棘树，把娇小的身躯深深扎进荆棘上，流着一滴滴鲜红的血，唱出那凄美、打动人心、婉转如霞的歌，使人间所有声音黯然失色！

一曲终了，荆棘鸟气竭命殒，它以一种生命的奉献，为人类送来了美丽的永恒！

人世间所有伟大，何尝不是毕生的奉献呢？

正如泰戈尔所言：花朵以芬芳熏香了空气，但它的最终任务，是把自己献给你。

不知在怒放的生命、五颜六色的生活背后，有着多少苦苦等待、百般煎熬、热切希望！

有时你以为你看见了一切，其实你看见的是你自己。世间百态，实际是一面镜子，映照出来的，是你内心的波澜！

当你播下种子时，这面镜子折射出来的是你的热情和期待；当它发芽时，你在镜子里看到的是你的付出；当它丰满成熟时，镜子里充满了你的幸福和喜悦；它要枯萎时，你会看到镜子中是你深深的焦虑。

你的内心世界，也像一大片土地，在这片土地上有过怎样日日夜夜的酸甜苦辣，它就给你怎样的回报。

看到这样古色古香的窗户，想到我的童年，家里有阁楼，还有那带花纹的木窗户！

那是个带庭院的老房子，有自用井，有石阶，门口有石狮子，窗是由老木制作的，上有雕刻的花！

最早我是站在凳子上，攀着古老的木窗，从镂花的缝隙中向外打量这个世界。在春天，我看到天井上阳光灿烂；在夏天，我看到鲜花怒放；在秋天，我看到树叶飘零；在冬天，我看见大雪纷飞。

我还看到人来人往的街道，看到迎亲送葬的队伍，人世间的悲欢离合，全部进入我小小的心灵，唤起我对世界无穷无尽的遐想。

现在离开老屋多年了，老屋木窗还时时出现在我眼前。我多想踩着那潮湿的地板，踏着吱呀作响的木楼梯，倚在木窗边，睁着好奇的眼睛，打量新奇的世界！

可是儿时那新奇的诱惑在我心里已不复存在了，因为我已来到了木窗外的世界，这世界常使人感到无所依！

后来，我来到了部队，天天行军，自己动手在荒山野岭修坑道作为住宿点，雨布吊在顶上，从崖顶往下滴水，根本没有窗户，只能夜里披上白色床单，出去透透气。

最使我难忘的是，行军途中经常突然遭遇敌机扫射轰炸，这种生死关头，总会有年长的同志扑在我的身上，他们是在用自己的生命全力保护幼小的我。至今我想起，似乎还能感受到当年那些同志身上的温热。

现在我有了自己的房子，有了明亮的大窗子，至今还在想："我还能做点什么？""我还能学些什么？我一定要学好什么？"我想，这想法也许就来自那炮火连天，子弹横飞，每每看到流血，时时有可能死亡，没有窗户的时日！

如今已是"不知明镜里，何处得秋霜"了，但我还是在想："我还能做点什么？"

每扇窗户都有不同的人生，每段人生都有不同的风景。

镜头记录下孩子们戏剧活动的瞬间。

托尔斯泰说："只有一个时间是重要的，那就是现在。"

是的，最重要的时间就是现在！

当我们看到金色的大地上，一卷卷割下的草捆整齐地排列着，庄稼丰收了，饱满的颗粒被收走了，留下了一个个草捆。丰收是人们一年努力劳作的结果，是过去付出的收获，人们可以丰衣足食，有了生存的保障！

农业耕作，离不开时间，错过了时间，会影响收获！

中国人是有智慧的，在夏朝就有了夏历，给人们耕作和生活提供参考。二十四节气也是独到的文化产品，反映了季节变化，指导农业活动，影响千家万户的衣食住行。

春天的播种是冬天的延续，是秋天的结果。

现在所做的一切也是昨天的延续，明天的结果。

今天到底要做什么？是由你的习惯、态度、观念、愿望构成的。好的习惯、态度、观念、愿望，有好的结果和收获；不好的习惯、态度、观念、愿望，有不好的结果和收获。好的习惯、态度、观念、愿望从什么时间开始都不晚，但只有一个时间最重要，那就是现在！

火辣辣的艳红，点燃了每个人内心的激情！缤纷的色彩呼应着，更觉生机勃勃！

天苍苍茫茫，地也苍苍茫茫，我们每个人都怀揣着梦想，独自走在自己追求的路上！

抬头望天，我们清楚日升东方，日落西山；低头看地，我们知道东西南北的方向。

在盛开的季节，我们享受过绽放；在盛夏的季节，我们拥抱烈日，感受暴雨的淋漓酣畅；在悲凉诗意的秋季，我们放飞了手中的风筝，也经受了阵阵秋凉；在冬季，我们抗衡着寒流，在静默中积聚力量。

人在这四季轮回中成长、老去。

蓦然，一种刺破长空的声音震撼了我，迷蒙的双眼竟看见一只白翎黑羽的鹰，由高空，对准目标俯冲直扑。

还犹豫什么呢?

枯荣始终是自己的！

是的，你孤独，因为你是鹰；你飞翔，便是天空最美的画！

每逢端午节，人们便想到伟大的爱国诗人屈原。因为他在农历五月五日怀着愤愤不平的爱国情，跳入了汨罗江！

他的妻子为了纪念他，每年五月五日，便在屈原投江之处，将食物撒入江中。为了表达对屈原的祭悼和怀念，人们也就同样这样做到今天。

“举世皆浊我独清，众人皆醉我独醒。”屈原无论是在诗词歌赋的创新上、在富民强国的改革上，还是在忧国爱民的一身正气上，都真实地做到了使人折服的地步。

忽然，我想起一个故事。那是在漫漫黄沙深处，考察沙漠的独行科学家神奇地听到一首奇异的乐曲，在音乐的引领下，他梦幻般来到一座隐藏在黄沙中的古老宫殿。在他面前，宫殿大门缓缓打开，眼前出现一个巨大的、五光十色的舞台，一位穿着鲜红舞衣的女子，随着音乐在舞动，她的一招一式、一颦一笑，尤其那撩拨人的大眼睛和长长的睫毛，都挑动着人心，使人迷醉，这深深打动了科学家的心！

回来后，科学家日思夜想，终于决定制造一个如那女子一模一样的机器人！

耳熟的乐曲响起，妩媚动人的笑容，柔软的身姿旋转、跳跃，撩拨人的眼神，一切都如此相似，太完美了！

但讨厌的呜呜电流声，让他无比烦躁，此刻，他才如梦初醒，原来他复制的这个女子只是美的外壳，而那来自灵魂深处的美，是永远无法复制的！

古今中外，无论文人墨客，文韬武略之才，英雄豪杰之辈，没有一个是同样的。因为每个人所处时代不同，身世不同，个性不同，侧重不同，所以他们就像天上的星星，每一颗都有自己不同的位置，每一颗都有自己的亮度，正因如此，黑色的天宇才闪闪烁烁，我们仰望星空，就像看到一个个美丽的灵魂，提示着我们，像他们一样散发出自己的光芒，成为这个时代的人才！

翻开历史，安邦治国之才，文韬武略之士，巾帼豪杰，文坛星硕，比比皆是！

因此受他们熏陶，也梦想要做一个栋梁之材！

时代像一个大筛子，在筛子里摇摇晃晃、碰碰撞撞，虽然没有被筛出去，但也感到了人情冷暖、世态炎凉。

于是，有人寄希望于别人，总希望遇到一个能把自己收藏好、保护好，从此免受灾难的人，其实那个人永远都不存在！

所以还是应该做好并成为一个最好的自己！做好自己，才能保持独立，把自己妥帖安放，有底气选择自己的去处！

也许你发现，总有人过得有滋有味，活成你想要的样子。

其实每种光鲜背后，都有无法想象的努力和付出；游刃有余的能力，来自苦行僧般的自律；事业和家庭的平衡，来自强大的内心和时间的管理。

时间很公平，你把主要时间用于哪里，你就会成为什么样的人；生活很公平，你拥有什么样的能力，你就能过上什么样的生活！

一时，一日，一月，一年，皆是生命的馈赠，唯有不负时光，做好自己，才能自由生长，活成自己想要的模样！

就像图画中的一切，有人的形态，有树的姿态，有生命的盎然，正因为如此，才有了大千世界的千姿百态！

远去的轨道，尽头也许就是财富的终点，很多人被它诱惑，为了得到更多的金币，终生为之奔忙！

遗憾至极，他们没有用心感受蔚蓝的天空、嫩绿的草地、精致的建筑和所有最有价值的存在！

正如易卜生所说："金钱可以是许多东西的外壳，却不是里面的果实。"

外壳光鲜亮丽，不见得是真实的分量，而内在含量才是价值所在！甚至表面的残缺和破败，往往还是人类的无价之宝！

玛雅文明留给我们的，是隐匿在中美洲丛林中残破的石像、祭坛、天文台，让我们回头去想象。

埃及人面狮身像，在风沙中历经千年，胡子断了、鼻子塌了，仍像老迈的武士，守护着法老陵墓。

希腊雅典卫城，昔时华美已不复存在，只剩一个个石柱擎天而立，如巨大的竖琴，弹奏着穿越时空的古曲。

罗布泊西岸的楼兰古城，只留下了黄沙中散落的木雕残片和人们至今吟唱的楼兰姑娘。

这些残破的遗迹，是古人曾有的壮举，是从远古而来的使者，它以残败昭示沧桑，以凄凉和沉重展现震撼！

残缺的人类遗留，是无法用金钱衡量的瑰宝！它是古人类的智慧、文化，是伟大的创造，怎能不使人震撼敬仰！

这里什么最吸引我？那就是蓝蓝的天空白云飘！剩余的，都是等待着后人再造了。忘不掉的是这里曾有过的四季和它散发出的幽香！

在春天，可以听到暖风轻摇，驼铃声声，看到骆驼队来到古城，悠然地走在街上。他们个个身形彪悍，头上缠着白色头巾，身着条纹衣裳，脸上带着自信和满足赶回家乡。

在夏天，会看到烤馕店的油馕，烤得酥脆金黄，满街喷香！

在秋天，会看到街角坐着的卖艺老人晒着太阳。他面前总放着一个细颈广口的竹篓，老人笛声响起，眼镜蛇便发出“嘶嘶”声响。最抢眼的是出入香料铺和饰品店的女子们，她们身穿薄纱长裙，手缠叮当臂环，头戴如烟面纱，露出星光闪烁一般的大眼睛，杨柳般的腰肢，有一种迷幻的妖艳！

在冬天，会看到铁匠铺的铁匠一锤一锤敲着那块通红的烙铁，把它敲打成弯月形的弯刀！

这就是繁华的楼兰古城，它给人们留下的是直抵心灵的异国风情，万种迷香！

如今一切湮灭，只留下黄土中掩埋的一段传说和歌中唱着的楼兰新娘！

第八章　认知与传播

理论概要

笔者从事播音主持专业教学工作数十年，想从个人角度谈谈表达方式、健康心态、谈话资料、阅读能力的提升方法，是一些个人的拙见，还希望大家多多提出宝贵意见。

一、表达方式的形成

如果问一句：“我该用什么方式进行表达呢？”应该有很多老师会说：“用你最习惯的方式。”当然，不管什么方式都必须言之有理、言之有物，不能夸夸其谈、无病呻吟。在一般语体风格分类中，很可能“谈话语体风格”和“演讲语体风格”更容易占优势。也就是说，更容易让人听得清、听得懂，并且还有可能会觉得好听、爱听。要知道，这不是一蹴而就的，在训练中更不能浅尝辄止。那现在就谈谈常态化语言表达中个人语体风格形成的问题。

“谈话语体风格”的主要特征就是边想边说；“演讲语体风格”则表现在先想好了再说。不管怎样，这两种表达需要与受众进行一种给予和反馈，也就是通常所说的交流起来。在表达中，指向性、目的性都是清晰的、明确的，作为个人的语流应该是对受众“倾诉”“阐述”“引导”“启发”，不可以机械地“播送”“汇报”“独白”“报告”。也就是说，谈话者在这一刻——起码是拿到题目进行表达的这一刻，已经不是一个学生在向老师、考官去“报告”自己对这个问题是怎么看待的，而是以一名老师的身份去“引导”老师、考官走进你的分析、判断、阐述和表达中。

这么看来，常态化语言表达中个人语体风格的形成是日积月累的，即便是形成了一定的表达方式，还应该注意一些问题。

1. 语速过快

把“不假思索”“脱口而出”当作语言的流畅表达。殊不知，这种方式不一定完全让受众接收到自己的观点和信息，甚至还有不能服众的心理感受。

2.“水词儿”泛滥

误以为这是一种“谈话语体”。殊不知，过多的“水词儿”会让人觉得是“语病”。

3. 停顿过多

必要的停顿是思考判断的过程，但是不符合逻辑的停顿则会传递出“背稿”的信号。有两种停顿是可取的：句群之间的停顿和句子里重点词语、关键词语前的停顿。

二、健康心态的培养

当站在听众面前，不管是作为考生还是学生，哪怕是未来的主持人，你已经是“当众孤独”、令人关注的对象了。作为传播对象一方的听众、观众，总是希冀在传播者身上找到自己的审美理想，用一定的思想、文化、业务和心态来衡量、要求传播者。但是，如果传播者为了展现“高素质”“有文化”，滔滔不绝、风光占尽、乐于炫耀、故弄玄虚，在气势上咄咄逼人，在表达上装腔作势，这就没有做到用“平常心”去应对问题、分析问题、解决问题了。

平时生活当中，要克服心浮气躁、急功近利，需要看重自己的谈话质量和逻辑性。有一种心态是我所欣赏并鼓励的——“捧着一颗心来，不带半根草去”，这种平常心往往会让自己“落”下来说话，平等交流。

三、谈话资料的储备

谈资不够必定导致表达时长不足，但也不能用废话来凑。为了让自己的话有质量，可以增加阅读量，提高自己对于文章层次的分析和概括能力，积累资料、素材。“学业精粗，存乎其人”，对于业务的学习，完全在于个人。临渴掘井、临时抱佛脚其实并不是好办法，偶尔可能获得一点儿效果，但也都是侥幸使然，踏实阅读、扎实练习才是长久之计。

对于本书中的文字，希望读者在阅读时读出声来，而不是默读；对于自己觉得不错的段落或者篇章可以反复阅读。语言表达是一门“功在其外”的艺术，需要你首先是一个热爱生活、热爱生命、善待自己和他人的人，然后在业务上精进启发。

四、阅读能力的提升

对于语言工作者来说，确实需要具备阅读能力，而阅读能力的提升不仅仅是“读”，更重要的是“记”。从目的上来说，为了能够印象深刻，背记是一个方面，笔记则是更为重要的。“好记性不如烂笔头”，在复制粘贴的时代里，读书笔记还有多少人在坚持呢？好句子、段落的摘抄，对于文章层次的概括……哪怕只言片语，都会附注在自己的专业上。

精读的作品需要有“绣花的功夫”，而泛读的作品则需要有“高屋建瓴”的本领。但是，精读作品一定是泛读作品的基础，是不可跳过的步骤。

泛读其实是在作品检索中需要具备的一种能力，比如在一本杂志中快速找到一篇适合自己的诵读作品，在一部文集里快速发现一段可以呈现的有声语言文本。

对于议论文来说，尽快扣住观点，通览一下论据，基本了解论证的手法，再看作者究竟想表达什么。

对于散文、小说来说，描写的段落部分是很容易被发现的，需要体味一下细节是否细腻；描写的对象是否能让读者与之“共情”；引申的部分是否能触动自己。

对于说明文来讲，介绍性的文字能否让大家“听”得明白，逻辑表达上有没有容易产生误会的地方……

阅读要读出声，这样才便于记忆，为了能够更便于记忆，请重视“笔头功夫”。

思维的形成绝不是朝夕之功，思维体系的建立实在是离不开以上几个方面，笔者没有什么捷径可以分享，那就用这几个能够辅助思维形成、建立的手段帮助大家吧。

训练要求

（1）请谈一谈对文化的思考。

（2）请简述对战争的认识。

（3）请简述对大趋势的看法。

图文例稿

图中的建筑被茂密的树木遮挡，只剩下屋檐，青瓦与远处的建筑交相辉映，愈显其别致醒目，点缀了整幅画面！

马克·吐温说："每当你发现，自己和大多数人站在一边的时候，你就应该停下来反思一下了。"

人的成长离不开学习和思考，而学问就是学习之后，提出问题，经过自己思考，来回答问题。

远古时，人们累了都坐在地上，为什么都坐在地上呢？于是，有人坐在石头上，大家就也跟着坐在石头上；石头太凉，又改坐在树桩上；进入文明时代，发现树桩不能移动，就有了凳子；凳子不能靠，就有了椅子；椅子太硬，有了沙发……

所以不要满足于司空见惯，要在平常的事物中发现不平常的东西，敢于提出问题、回答问题，我们不可能做先驱，但可以有新的发现、新的开拓。

中式的庭院，依旧焕发着新的生机。

怎样才能得其长盛不衰？丰子恺做出了很好的回答：不乱于心，不困于情，不畏将来，不念过往。

不乱于心，我想就是要我们专注于一境，思考自己追求的目标，思想集中于此，心不散乱，不被客观一切左右，无别心，故不乱于心。

不困于情，即一切随缘，不吝曾经所有，不怨不恨，内破吝啬，外利他人，做到有缘既往，无缘则去，不自囿过往，不留，不住，不执，豁达通泰，自会清净！

不畏将来，就是要具有对追求的自信心和气魄，安而行之，继而行之，勉励而行之，有不达目的不止的精进精神，能不断成长，因此快乐！

不念过往，过往已去，时间不会重启，过往已是镜中花、水中月，迷者不放，徒增烦恼！

浓艳退去，只留下淡淡的颜色，空旷的江边，只有叶叶扁舟，渔人与长江相伴的时日已随后浪推走，或是与风暴搏击的危难，不屈抗衡，或是江如镜面平静的晨光，神清气爽，享受着海天一色，日出的美丽，都已成为他们的回忆。总之，他们与长江有不解之缘，留下了他们一生的光阴，换取了应有的收获！

把沧桑留给了已去的岁月，留下了彼此脸上的笑靥！

以后，他们也可能白发如霜，那是岁月为他们撒下七里香的花朵；若身体弯曲如弓，那是日久天长积下的能量；若手如槁木，那是劳作赐予的佐证；若睛若黄珠，那是上苍赐予的五彩缤纷的颜色。

人谁不顾老，老去有谁怜。

莫道桑榆晚，为霞尚满天。

做老人要学会与青年一样快乐，青年好比百灵鸟，总是反复唱着晨歌；老年好比夜莺，可以歌唱一生经历所凝练出的最有内涵的小夜曲！

前面竹椅相对，常青树长出新的枝叶，生生不息，使人想到夫妻相对而坐，四目相对，轻言细语，心心相印，是最令人羡慕和向往的平凡而又平静的生活！

最美最暖心的莫过于爱情，它可遇不可求。因此亘古至今，爱情是文人墨客必不可少的作品题材。

古诗词中有很多对于爱情的描绘，有偶遇，有相思，有别离，但没有一种爱情是完全相似的！

如《诗经》中的第一首诗："关关雎鸠，在河之洲。窈窕淑女，君子好逑。"就是描写男女爱情的。又如张泌的诗，"浣花溪上见卿卿，眼波明，黛眉轻。绿云高绾，金簇小蜻蜓。好是问他来得么？和笑道：莫多情"，描写爱情的一见钟情。

这些诗句诉说着人们对爱情的渴求，对美好事物的执着追求！正因如此，人类才能生生不息，繁衍至今！

世界之大，目所不及；世界之小，小若村镇。网络时代，不管那个村镇发生什么事情，6分钟之内，可以传遍全球！

我们能看到图中层层的楼梯，在这个空间里又有多少人擦肩而过，来不及打声招呼，上上下下的人们，他们从哪里来，又去向何方？我们一无所知，我们只知道，所有繁华的背后，是寂静和凄凉！

时代就像一个不倒翁，一下一下反复地摇晃，憨态可掬，重复着同一动作。不倒翁看起来没什么意义，但它给一代又一代人带来快乐！因为就在这反复摇晃中，时代变迁了！

简单的不倒翁告诉了我们一个不简单的道理，不论前仰后合、东倒西歪，都要再直立起来，所以我们无论面对风雨或彩虹、艳阳或阴雨，都要用好心态迎接新的一天！

人生皆有苦，一味沉溺其中，往往是庸人自扰。

认识人性就是认识自己，尤其要认识自己内心的纠结和残缺！

一个人的认知是什么阶段和档次，人生就处于什么状态。看待世界的维度不同，认知度和自由度就不同。

人性的最高境界是爱和善良，只有严格自律，才能得到提升！对别人过失的评判，要思其所受！能理解别人，方式方法得当，不树立对立面，就是解放自己！

烦恼出现之后，90%的发展过程和结果是由自己掌握和决定的，因此好的习惯、态度、观念、愿望可以使自己丢掉烦恼，换来轻松！

生命只有一次，没有任何可量化的东西可以用来衡量生命的分量！生命又何其短促，一岁一枯荣。面对画面，要么进去，里面花团锦簇、楼台亭阁；要么出来，外面海阔天空。我们往往不知所措，犹豫不决，不上不下，夹在中间，不做选择。盛夏过去，才明白自己蹉跎了岁月，贻误了时光。

珍惜生命，享受生命，重在选择，必须当机立断，创造自己想要的云淡风轻或轰轰烈烈的生活！

在水岸边，这两棵树，没有繁茂的树叶，没有诱人的姿色，可以想到它们是多么孤独！

当春日的婆娑过去，夏天的飞扬已不在，秋季的诗意荡然无存时，就只有冬季寒风在枝丫间肆意呼啸。这孤独的树，是多么无助，但是它没有悲伤，更没有呻吟，只有一寸一寸坚韧地生长！它挺直了身躯，沉默地护卫自己的尊严，积聚成无所畏惧的力量！

它自立于天与地之间，笑看朝阳升起，静对明月圆缺，袒露的躯体里依旧激情奔涌，冰封的枝丫间盘旋着热烈的渴望！

坚持着将根深深扎入大地，让枝丫伸向天宇，日日月月，年年岁岁，坚持着自己的成长，等待着有一天将积聚的力量悄然释放！

只要坚持，就会成长，在你的世界里就总会有你的姿色，总会有阳光！

“要做个不动声色的人。”为什么不动声色呢？因为你已知道自己是独一无二的个体，有自己的想法，有自己的选择，有自己的活法，有自己的爱好，有自己专注的事情。

情绪化，是不成熟的标志，没有理性思考，因此情绪波动很大！要继续努力修炼，达到宠辱不惊、得失不计的程度。

过去的不会再回来，已成过去时，回头看没有任何意义，还是应该注重当下，面向未来！

认识自己非常重要，有时连自己都不知道自己的潜能是什么。懵懂而盲目，怎么可能有属于自己的，独立而与众不同的生活？要在实践中认知自己、开发自己，到广阔的天地去，开阔心胸，提高境界，认知了自己，也许会更自由，更快乐！

有人说："从蓬勃到枯萎的体验就是生命的过程。"

其实这只是生命的表象，大自然给予我们很多的提示，生命的枯荣在很多时候是由生命的内在品质决定的！

在中外历史上，有很多为人类做出巨大贡献的伟大人物，虽然他们的肉体早已不在世间，但他们的思想一直影响着后世，一代一代的人都受他们的提携，接纳着他们的给予和奉献！

他们的生命以另一种形式存在着，他们的思想和作品至今仍然活跃着，他们鲜活的理念仍激发着现代人的头脑。

相信生命枯荣的体验不仅仅是主观感受，而是客观的时间和社会实践的审视！

枯萎的是躯体，谁也无法逃脱这规律，但理念和活跃的思想是寄住在一代一代人心里的另一种生命形式，相信它们会流芳百世，永远蓬勃！

“阳光一直都在，只要你看得见！”

我们都喜爱阳光，万物生长都离不开阳光，就像画面中的红花和绿叶，正是有了阳光的照射，才格外鲜艳！

阳光不是索取，是给予付出和普照大地的爱！

音乐之美就像阳光，温暖滋润心田，我们要感谢音乐家对世界的给予、付出和奉献！

欧洲十六世纪前后的音乐家，社会地位极其低下，虽然处于食不果腹的状态，但他们对音乐如痴如醉！

巴赫给了我们音乐的语言，莫扎特给了我们音乐的欢笑，贝多芬给了我们音乐的火焰。古今中外的音乐家们让我们不用语言也能交流！

生活中，我们已经离不开音乐，就如同我们需要阳光一样！音乐滋养着我们的心田，无论喜怒哀乐我们都要用音乐来表达或抒发！

音乐虽然摸不着，看不见，但伟大的音乐家终生付出、奉献，给予我们的作品无处不在，那就是阳光！

无论走到哪里，我都喜欢去博物馆看看。

如今的博物馆很注重环境和内部的设计，有的侧重现代感，更突出时空的穿越，而有的如画中情景，绿树、小桥、流水、石头，似大自然原本，看得多了，文物反而成了琐碎的印象！例如，一些不知折印过多少美人表情的古铜镜，不知为多少古人烧煮过的炊具，一些为君王演奏过乐曲的古钟等。但有一把泛着寒光的青铜剑，令人久久难忘！拭去锈斑，还以本色，那“天下之大，唯我独尊”的狂傲之气，还隐约残存于上。

它曾佩戴在谁的腰上？划破多少河山？剑的本身是美丽的，但它又与血淋淋的暴戾联系在一起！

但剑也不是完全冷冰冰的。恩怨情仇，儿女情长，它也是侠肝义胆、情深意笃的见证，行走江湖，总会遇到与你一样，可以击掌为盟，豪气云天的侠客！

当历史成为过往，握剑的手和被剑刺穿的胸膛，都化作了泥土和遍野的枯草，而剑仍留在地上与时间厮杀。不管剑是残忍无情的，还是充满侠义的，它的定义总是坚韧不拔，于是人们寄予它坚定的信念：“宝剑锋从磨砺出，梅花香自苦寒来。”

没有打击，哪来锐气？没有磨砺，哪来锋利？

时光荏苒，不期而遇。

总之，我喜欢剑，欣赏剑！

回望历史，有多少英雄豪杰、帝王将相，有的一生金戈铁马，有的稳坐金銮，指点江山。

公元前221年，秦嬴政打败了齐、楚、燕、韩、赵、魏，统一了中国，统一了钱币、文字、度量衡。为抵御匈奴，又修了长城和直道，被人们称为始皇帝，实现了他独霸天下的愿望！

霸王项羽骑着乌骓马，鞍马一生，最后化为了鬼雄，虞姬也血染利剑而亡。项羽的霸气执着至今传颂。

大汉帝国的卫青、霍去病挥舞旌旗，横刀立马，使敌方望风而逃！

隋炀帝六次下江南，百姓血泪染红滔滔运河水，被人们咒骂！

唐朝贤臣魏征，大胆进谏，“水能载舟亦能覆舟”流传至今，成为代代君王的座右铭！

历史车辙，后人可鉴。一生的追求，就是一生的编织，所以你的人生就是你的作品。

像一条赛道，又像是停泊的港湾，的确，“人生只不过是一场旅行”，这是千真万确的。

如果我们早一些懂得这样的道理，也许生活的色彩会大大地不同！人与人会找到更好的“接口”，绝不会因为观点的不同争执得面红耳赤，分道扬镳！也不会手持棍棒，与曾经的好友势如水火！更不会和自己的爹娘因观点不同，而不理不睬！

人本来就是一个个体，都是世界上独一无二的，每个人都有自己的习惯，对事有自己的态度，有自己思考的方式，有自己的观点，有自己的愿望。

人与人相遇，是缘分，彼此尊重、理解、关爱，可能分手，擦肩而过，也许在你回头看他的一刹那，他也回头看着你，这是今生的最后一次相遇！然后风雨雷电，山高水长，各走各的路，各有各的目标，直到终点。

年已迟暮，你会觉得人与人之间就这样简单，生活就这样轻松，无论成绩大小，只要尽心尽力就值得被尊重；不管贫富，为人善良，内心干净，就值得被尊重。足矣！

一张粗糙古老的桌子，上面已摆好电脑，看来已准备好，要写故事了。

是的，答案很长，因为每个人的一生都是一个故事。世界上没有两个人有完全相同的经历，也就没有相同的故事。

有时讲故事的人还在讲，但听故事的人已经走了；有时听故事的人还想听，故事却已经结束了！

有的故事平淡无奇，有的故事千奇百怪，有的故事曲曲折折，有的故事波澜壮阔。

故事听得多了，给我们很多启示，不要以一时的表象决定一个人、一件事，不要以世俗的标准衡量一个人、一件事，不要以既定的规律对待一个人、一件事。一时的表象可能是暂时的、虚假的，本质才是原本和真实的。

故事说的是别人，对照的是自己，准确的认知，最为重要！

这里没有风雨电闪雷鸣，没有蛙叫蝉鸣，连树叶也没有摆动，它像是一幅画，时间永远定格在这诗意的一刻。

这里远离人群，没有嘈杂，没有铺天盖地的、一片黄沙似的谣言，没有泥沙俱下、滔滔不绝的攻击吵闹，这是一个干净的地方，这也是一方难得的净土！

在这里，也许生活无比简单，天天都是重复，日出而起，日升而作，日落而息，但只要是做着自己想做的事情，过着自己想过的生活，做到进退随缘，张弛有度，那就是神仙过的日子，也许没有起伏跌宕，没有曲曲折折，没有激情澎湃，但只要是自己喜欢、自己习惯、自己心甘情愿，那就活出了自己的精彩！

表面看来平淡无奇，没有故事，实际就是与众不同的最精彩故事！

经常提醒自己，我们最不能忘记的是："我们从哪里来？我们是谁？我们到哪里去？"

面对现实，我们恰恰忘记了很多不应忘记的事情，我们无法回答应该能回答的问题。

图片上是英国一位神父偶然发现的巨石阵。它是由50多吨的巨石组成的奇特又神圣的古迹！其中有石环、石桌、石栏，它们大约建于公元前4000年—公元前2000年，是英伦三岛最神秘的史前遗迹。

最神奇的是圆形主轴线，通往石柱的古道，与夏至那天初升的太阳，在同一线上。另外两块石头的连线也刚好指向冬至日落方向，这说明古人不仅在建筑上，而且在天文上也发展到一定程度。

考古学家还发现巨石洞的排列与金字塔一样，运用了"黄金分割"的原理。后来又发现巨石阵下有15处未知的碑林，还有牛骨和煤燃烧后的残留物，这都是古人类在此活动的痕迹！

综合推测，巨石阵可能是新石器末期人类集祭祀、祈祷、权力、死亡等活动于一体的"圣地"。

时至今日，还没有一位科学家、考古学家、历史学家能把巨石阵的一切解释清楚，能让人认可和折服！

我们不能不承认，我们以为永远不会忘记的事情，就在念念不忘的过程中被忘记了！这既是人类莫大的遗憾，也是我们的悲剧！

人类最大的教训就是"从来都不接受教训"！所以当历史又走到三岔路口时，整个地球又是一片慌张和茫然！

被称为作家中的考古学家的阿根廷诗人博尔赫斯的诗《我用什么才能留住你》感人肺腑!

他是这样坦荡、真诚，没有一丝虚荣，没有任何掩饰，只是哀婉地倾诉自己对恋人的眷恋，表白了自己爱的情感!

正如诗中所说:“我给你一个从未有过信仰的人的忠诚。我给你我设法保全的我自己的核心——不营字造句，不和梦交易，不被时间、欢乐和逆境触动的核心。”

最为动人的是，他只许诺了“我给你我的寂寞、我的黑暗、我心的饥渴;我试图用困惑、危险、失败来打动你”。

这一切都表现出撕心裂肺的真挚。没有任何虚荣的炫耀，没有一丝显赫的张扬，没有索取要求，毫不掩饰地把自己述说给对方，把拥有的全部隐藏，只把爱献给对方!

这种毫无顾忌地把自己“和盘托出”，换回的是什么呢?

只有真正懂得爱情的人，只有把人看得比权钱名利更重的人，才能明白。纯净的爱情，就是爱人的一个笑容、一个回眸，就是对对方最好的回馈!

没有任何别的索求，心中只有你，你就是心中的唯一!

每个人都想获得快乐，罗曼·罗兰准确地指出了快乐的本质和来源！

找到了自己喜爱的工作，你会心甘情愿地为它努力付出，并能不断开发，为社会做了贡献，看见了自己存在的价值！你会更努力工作，使自己从中得到满足，得到社会的认可，会给你带来无比的快乐和继续努力的动力！

自我克制就是能约束自己和严格管理自己，要求今天的自己一定要优于昨天的自己！能看到自己不断向上的变化，有追求，精神永远充实，你就会很快乐！

爱，首先是尊重自己，一个不尊重自己的人不会受到别人的尊重，只有尊重自己，爱自己，坚持自己为人做事的原则，才懂得尊重别人，爱别人！

爱就是能用一颗柔软的心，对待一切，其中包括理解、关怀、帮助、真诚、热情、善良，等等，爱人的人也会得到所有人的关爱，感受到温暖，所以生活会很快乐！

人们选择的方向不同，感觉也不同，只要扪心无愧，向前走着，不损害别人，于公有益，就是和谐。

快乐是付出，索取是劳神费力，也是生命的浪费。

人只有从对物质的追求和对人际关系的各种借助中解放出来，才能升华出生命的恣意自在和一个微笑的、轻松的生命过程！

别有情趣！这就是大自然奉献给人类的生存环境！

在这温柔之乡，人们应该享受这仙境般的可以使人迷醉的生活，人类似乎没有践踏过这里，因此这里才如此美丽！珍惜上苍的赐予！充分享受如画的美景！保护它，要像对待婴儿一样，小心翼翼，就让他安然地待在这里！

树根充满整个画面，寓意深刻！

走进园中的来者不是暂时逗留，就是即将去往他处。无论逗留或是离开，都是经过。

谁都有难舍难分的情感，遗忘是一种等待和信任的自我模糊，也是内心的自我解放，还是给对方留下最好的空间，所以在某个时间，面对某个事件或某个人，遗忘就是给彼此最好的纪念。

人越来越个体化，这就需要自己独立处理问题，只有一种方法，那就是将难题上升到理性层面来思考认识，得出理性结论，理性对待，可以不做情感的俘虏，保持情感和现实的距离。

也许在某个时日，紫色的帆船又回来了，是缘分，紫色的勿忘我会带来意外的惊喜！

当爱来到时，就像画面上的树叶，它几乎收获了供养的满足；有时也像大海中的一滴淡水，滋养生命。爱常常使人忘记了时间，所以总觉得很短。

因为刻骨铭心，当爱走时，是那样突兀，不知所措。时间不能使人将爱遗忘，因此遗忘会感到很长、很长！

也许你在原地等的那个人，他已经忘记了他曾经来过。

也许原来的地久天长，只是误会一场！

这里长空辽阔，无际延伸，直到无影无踪，脱离你的视线。

没有人烟，没有嘈杂，没有任何声响，只有辽阔的蓝天和白云，似乎白云也渐渐淡化，会逐渐悄悄飘离，直到静谧得使你感到孤独无助，没有任何所依。

我想，也许这里正是离开尘世喧嚣烦躁的清澈平静之地。

在这里，可以与大自然共语，享受孤独；灵魂与自己对话，使自己内心积聚力量，准备继续启航！

如果你愿意脱离世俗，这里可以给你安详宁静；如果你愿做一朵云彩，这里可以任你天马行空，这里是你飞翔的起点，也是你梦中最美的家。